10마당 재건공동체

A Community of Reconstruction

소그룹 성경통독 _ 10마당 재건공동체

초판 1쇄 발행 2007년 7월 30일
2쇄 발행 2011년 10월 4일

지은이 · 조병호
펴낸곳 · 도서출판 **통독원**
주 소 · 서울시 서초구 서초동 1475-3
전 화 · 02)525-7794
팩 스 · 02)587-7794
홈페이지 · www.tongbooks.com
등 록 · 제22-2766호(2005.6.27)

ISBN 978-89-92247-19-1 04230
ISBN 978-89-92247-00-9 (전 20권)

BIBLE TONGDOK

소그룹 성경통독 10마당

재건공동체

조병호

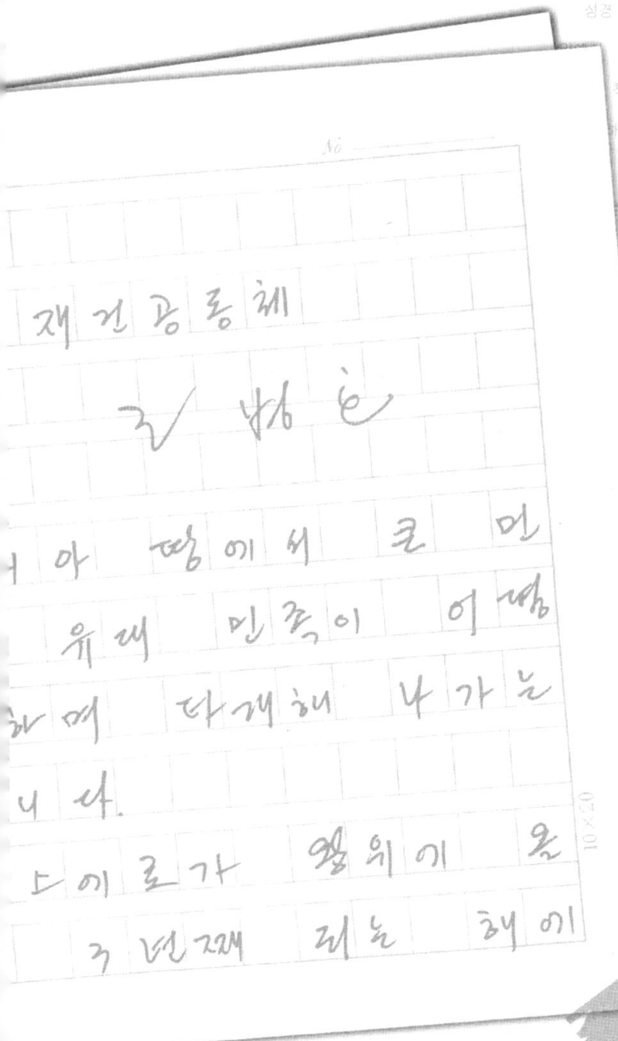

통독원

《소그룹 성경통독》을 펴내며

《소그룹 성경통독》 시리즈는 성경과 더욱 가까워지길 원하는 사람들을 위한 책입니다. 이 시리즈는 성경 66권 전체를 다루고 있으며, 시간 흐름에 따라 성경을 역사적 순서대로 재배열하여 체계적인 성경공부가 가능하도록 구성되어 있습니다.

이 책을 통해 세계를 경영하시는 하나님의 놀라운 섭리를 깨닫게 될 것이며, 그분의 말씀에 순종함으로써 삶의 현장 속에서 훌륭하게 쓰임 받았던 하나님의 사람들을 전인격적으로 만나게 될 것입니다.

여러분과 소그룹 구성원들이 이 책을 통해 성경을 통독하는 놀라운 기쁨을 새롭게 체험하길 바랍니다. 각 개인에게는 신앙의 견고성이 더해지고, 성도 간에는 깊은 교제가 이루어질 수 있도록, 본서는 구체적이고 실질적인 도움을 제공할 것입니다. 말씀을 사모하는 여러분에게 하나님께서 충만한 은혜와 지혜를 부어주시기 바랍니다.

목 차

이 책의 구성

《소그룹 성경통독》 시리즈의 전체 구성은 다음과 같습니다.
- 20개의 〈마당〉 : 성경 전체를 역사 순서대로 재배열하여 20개 마당으로 묶음.
- 66개의 〈숲이야기〉 : 한 마당은 2~4개의 〈숲이야기〉로 구성됨.
- 240개의 〈나무〉 : 소그룹 성경통독을 할 때, 1회의 분량으로 적절한 단위.

1. 소그룹 성경통독의 진행 순서

찬양과 기도 그날 통독본문의 주제와 어울리는 찬양을 함께 부른 후, 성경을 통독하는 가운데 하나님의 마음과 뜻을 깨달아 알 수 있는 지혜를 달라고 기도드립니다.

마음열기 〈나무〉의 내용 중에서 생각해 보아야 할 중요 주제에 대해, 먼저 일상적인 삶 속에서 꺼내어 볼 수 있는 이야기로 생각과 마음을 편하게 나눕니다.

함께읽기 전체 통독본문은 각자가 미리 읽어오는 것이 좋습니다. 그리고 소그룹 모임에서는 '함께 읽으면 좋은 성경 한 장' 을 다같이 통독합니다. 합독이나 교독 등, 모든 참석자가 소리를 내어 함께 읽는 것이 좋습니다.

친해지기 그날 모여서 함께 읽은 성경 내용 중에서 쉽게 답을 찾아보고 상상해볼 수 있는 질문입니다. 성경과 친해지는 계기로 삼아보십시오.

말씀의 숲길로 부분이 아닌 전체로, 통전적 관점에서 성경을 보는 안목을 제시합니다. 글의 문맥을 따라가며, 하나님께서 역사하신 '그때 거기서'의 현장 속으로 들어가보십시오.

성경의 빈칸 채워 넣기 각 〈나무〉의 내용 중에서 중요 성경구절을 선별하여, 그 중 2-3개의 단어나 어절에 빈칸을 만들어 두었습니다. 전체 흐름상 그 빈칸에 들어갈 적절한 말이 무엇일지 스스로 생각해 답을 적어 본 후, 정답을 확인해 보십시오. 소그룹 모임의 경우, 각자의 답과 왜 그렇게 생각했는지를 이야기하고, 함께 답을 찾아 읽어보는 것도 좋습니다.

보석찾기 본문 내용 전체를 살핀 뒤, 해당 〈나무〉에서 중요하게 다룬 성경의 내용을 확인해 둡니다.

마음나누기 해당 〈나무〉의 내용을 기초로 말씀을 삶 속에 적용해 보고, 실천의 방향을 함께 나누는 것입니다. 혼자의 경우는 생각해 적어 보고, 소그룹 모임의 경우, 각자 적은 내용을 서로 나누도록 합니다.

기도 그날의 성경통독 모임을 통해 깨닫고 느낀 하나님의 마음, 그리고 그 말씀의 기반 위에서 함께 실천하기로 다짐해야 할 사항들을 생각하며 간절히 기도합니다.

2. 일곱 가지 팁

이 책에 실린 팁들은 일곱 가지 종류로 분류되어 있으며, 본문을 읽어가는 중에 참고하시면 성경에 대한 지식과 깊이 있는 이해를 더하는 데에 도움이 됩니다.

하나님의 계획	인간의 짧은 생각으로는 이해할 수 없는 하나님의 깊은 마음과 큰 계획을 소개합니다.
하나님의 사람들	영성과 사회성을 갖춘 하나님의 사람들과 그들이 만들어가는 믿음의 역사를 조명합니다.
리더십	하나님의 사람들이 보여주는 삶의 모범과 리더십의 면모들을 살펴봅니다.
메시지	성경의 사건과 인물들의 삶의 내용을 통해 말씀이 우리의 구체적 삶에 던지는 감동과 깨달음을 새겨봅니다.
지혜창고	성경은 한없는 지식과 지혜의 창고입니다. 성경을 통독해 갈 때에 도움이 될 만한 사항들과 지혜의 실마리들을 정리하여 실었습니다.
알아두기	성경을 통독해 갈 때에 알아두면 좋은 지식이나 정보 등을 담았습니다.
αΩ 원어해설	성경을 이해하는 데 핵심이 되는 단어들의 히브리어와 헬라어 원어의 뜻을 살펴봄으로써 더 깊은 성경 이해로 나아가도록 돕습니다.

10마당 둘러보기

살다보면 우리 앞에 많은 삶의 언덕들이 있습니다. 힘들어도 포기하지 않고, 한 걸음씩 걸어올라 간다면 언젠가는 높은 언덕도 넘을 수 있습니다. 고향으로 돌아온 이스라엘 백성들이 뜨거운 열정을 품고 성전재건작업을 시작했습니다. 하지만 주변 사람들의 방해 때문에 중도에 포기하고 맙니다. 그때 학개와 스가랴가 일어나 백성들에게 말합니다. "목표를 세웠으니 끝까지 가야지, 중간에 쉬면 안 된다. 우리 함께 이 언덕을 넘어서자!" 권면을 들은 백성들이 다시 일어났고, 그 결과 하나님의 도우심을 입어 무사히 성전을 재건할 수 있었습니다. 이처럼 우리 삶의 언덕길에도 늘 능력의 하나님께서 함께하신다는 사실을 기억합시다. 그것이 바로 승리하는 삶을 사는 비결입니다.

숲이야기 1

거룩한 구심력

에스라 1-6장, 학개, 스가랴, 에스더

나무 136

다시 태어나는 공동체, 재건세대

스 1-2장

찬양

찬송가 – 249장 · 시온의 영광이 빛나는 아침
찬　양 – 주께 구속된 자들이

기도

이 시간, 말씀을 통독하는 가운데 하나님의 마음과 뜻을 깨달아 알 수 있도록 지혜를 주옵소서.

마음열기

당신은 삶의 근거지를 떠나 새로운 곳으로 떠나본 경험이 있습니까?

함께읽기

함께 에스라 1장을 읽어봅시다.

친해지기

바사 왕 고레스가 이스라엘 백성들의 예루살렘 귀환을 허락하며 한 말은 무엇입니까? 그의 말을 들으며 떠오르는 생각은 무엇입니까?

말씀의 숲길로 ○●●

예레미야부터 에스겔과 다니엘까지, 하나님의 사람들이 조국 이스라엘을 위해 흘린 눈물과 땀의 나날들, 그렇게 꼬박 70년의 세월이 흘렀습니다. 하나님께서 말씀하신 기간이 채워진 바로 그 시점에, 페르시아 왕 고레스는 바벨론의 느부갓네살 왕이 포로로 잡아 온 사람들을 본국으로 귀환시키는 정책을 시행합니다. B.C.537년, 고레스 왕은 유대 민족을 본국으로 돌려보내며 하나님의 성전건축을 허락합니다.

> "바사 왕 고레스 원년에 여호와께서 예레미야의 입을 통하여 하신 말씀을 이루게 하시려고 바사 왕 (　　　　　)의 마음을 감동시키시매 그가 온 나라에 공포도 하고 조서도 내려 이르되 바사 왕 고레스는 말하노니 하늘의 하나님 여호와께서 세상 모든 나라를 내게 주셨고 나에게 명령하사 유다 예루살렘에 (　　　　　)을 건축하라 하셨나니 이스라엘의 하나님은 참 신이시라 너희 중에 그의 백성 된 자는 다 유다 예루살렘으로 올라가서 이스라엘의 하나님 여호와의 성전을 건축하라 그는 (　　　　　)에 계신 하나님이시라"스 1:1-3

☑ 알아두기

에스라서의 배경시대 / 에스라서는 바벨론으로부터의 두 번의 귀환에 대한 이야기를 담고 있다.

바벨론 1차 귀환	스룹바벨의 인도 아래 성전을 재건
80년의 간격	페르시아 왕후 에스더
바벨론 2차 귀환	에스라의 영도 아래 영적 상태를 진작시킴

고레스의 조서가 떨어지자 페르시아의 각처에서 "유다와 베냐민 족장들과 제사장들과 레위 사람들과 그 마음이 하나님께 감동을 받고 올라가서 예루살렘에 여호와의 성전을 건축하고자 하는 자"가 다 일어났습니다.스 1:5

이들은 거룩한 꿈을 품은 자들로서 바벨론에서 이미 성공한 자들이었지만, 자신들이 쌓아온 모든 기득권을 포기하고 일어난 것입니다. 이 첫 번째 귀환은 스룹바벨, 여호수아(예수아)의 인도 아래 이루어집니다. 고국으로 돌아가는 그들의 발걸음은 희망으로 가득 차 있었습니다.

에스라 2장에는 귀하고 소중한 이들의 명단이 나옵니다. 바벨론 포로 생활에서 믿음으로 연단된 사람들의 명단입니다.

"온 회중의 합계가 사만 이천삼백육십 명이요 그 외에 남종과 여종이 칠천삼백삼십칠 명이요 노래하는 남녀가 이백 명이요 말이 칠백삼십육이요 노새가 이백사십오요 낙타가 사백삼십오요 나귀가 육천칠백이십이었더라" 스 2:64-67

하나님의 사랑이 참 큽니다. 또한 에스겔, 다니엘 같은 분들이 수고하지 않았으면, 이들은 패배주의에 빠져서 이날의 모습을 이뤄내지 못했을 것입니다. 하나님께서 하나님의 사람들을 부지런히 보내셔서 이들을 70년 동안 열심히 교육하신 것입니다. 새로 태어난 공동체, 바로 '재건세대' 입니다. 이들은 불타버린 예루살렘 성전을 재건하고, 무너져 내린 이스라엘 신앙공동체를 다시 세우게 되는 중요한 책임을 감당하게 됩니다.

보석찾기 ○●●

황폐한 예루살렘을 위하여 거룩한 꿈을 품고 일어난 회중의 숫자는 총 몇 명입니까? 스 2:64-65 에스라 2장에 나오는 그들의 이름에 대해서도 관심을 가지고 읽어봅시다.

마음나누기 ○●●

더 중요하게 해야 할 어떤 일 때문에 현재의 익숙한 자리를 떠나야 할 때, 당신을 가장 주저하게 만드는 것은 무엇입니까?

기도 ○●●

예레미야의 예언대로 70년의 훈련 기간을 기억하시고, 이스라엘에게 새로운 시작의 때를 허락하신 하나님, 우리도 훈련 끝에 다가올 새로운 헌신의 때를 소망하며 인내하게 하시고 준비되게 하옵소서. 그리하여 주께서 일하라 명하실 때, 주저하지 않고, 담대히 일어서는 주의 종들이 되게 하옵소서.

나무 137

성전건축의 기초를 놓다

스 3-4장

찬양
찬송가 – 246장 · 내 주의 나라와
찬 양 – 약할 때 강함되시네

기도
이 시간, 말씀을 통독하는 가운데 하나님의 마음과 뜻을 깨달아 알 수 있도록 지혜를 주옵소서.

마음열기
당신에게는 작심삼일(作心三日)의 경험이 있습니까? 결심을 지키기가 쉽지 않은 이유는 무엇 때문이라고 생각합니까?

함께읽기
함께 에스라 3장을 읽어봅시다.

친해지기
성전건축을 시작하여, 그 기초를 놓기 시작했을 때, 이스라엘 백성들이 보인 반응은 무엇이었습니까?

말씀의 숲길로 ○●●

재건세대는 예루살렘에 도착한 후, 먼저 제단에서 드리는 제사들과 종교적 절기를 회복합니다.스 3:2-5 이와 같은 분명한 우선순위 결정은 하나님께서 기뻐하실 만한 것이었습니다. 그리고 그들은 예루살렘에 이른 지 이년 이월에 본격적으로 여호와의 성전건축을 시작합니다. 성전의 기초가 놓이자, 귀환한 사람들 중 이전에 솔로몬이 지은 성전을 보았던 노인들은 옛날을 회상하며 기쁨의 눈물을 흘렸고, 수많은 사람들도 함께 즐거워하였습니다.

> "찬양으로 화답하며 여호와께 감사하여 이르되 주는 지극히 선하시므로 그의 인자하심이 이스라엘에게 영원하시도다 하니 모든 백성이 여호와의 (   ) 기초가 놓임을 보고 여호와를 찬송하며 큰 소리로 즐거이 부르며 제사장들과 레위 사람들과 (   ) 많은 족장들은 첫 성전을 보았으므로 이제 이 성전의 기초가 놓임을 보고 대성통곡하였으나 여러 사람은 (   )으로 크게 함성을 지르니"스 3:11-12

성전재건축, 그것은 지금 이스라엘 백성들의 존재 이유입니다. 하나님 섬김의 공동체로 다시 태어나기 위해서는 성전과 제사가 있어야 하기 때문입니다. 하나님을 예배하는 공동체, 하나님께서 오랜 시간 약속하셨던 새 예루살렘은 성전재건을 통해 이루어질 수 있었습니다.

본격적인 성전재건이 시작됩니다. 그런데 학개서의 배경을 설명해주는 에스라 4장은 사마리아인들이 어떻게 성전건축을 방해하고 페르시아 왕에게 거짓 편지를 썼는지에 대한 경위를 묘사하고 있습니다. 앗수르에 의해 이스라엘 땅에 이주된 이방 민족들은 이스라엘이 바벨론에 포로로 가있는 동안, 그 땅의 기득권을 차지하고 있었습니다. 자신들의 기득권을 계속해서 누리고 싶은 그들은 돌아온 재건세대를 훼방하고 결국에는 하나님의 섭리를 거역하는 데까지 이릅니다. 그들의 전략은 당시 최고 권력자인 페르시아 왕에게 편지를 보내는 것이었습니다. 이스라엘 백성들은 '성전'을 건축하고 있는데, 그들은 이스라엘 백성들이 '성읍과 성곽'을 중건하고 있다고 페르시아 왕에게 거짓 내용을 고소합니다.스 4:11-16

그들의 거짓 편지가 아닥사스다 왕의 마음을 움직였고, 곧 건축을 중단하라는 왕의 명령이 내려집니다. 재건세대들은 점점 사기를 잃게 되었고, 적대자들과 싸우는 것보다 차라리 공사를 멈추는 것이 낫다고 여긴 그들은 결국 성전건축을 중단해 버리고 맙니다. 고국으로 귀환할 때 그들이 품었던 낙관적인 생각들이 땅의 황폐함과 농사의 실패, 고된 노역, 적들의 위협 등 갖가지 역경들로 인해 흔들려버리고 만 것입니다. 백성들의 비관적인 태도는 영적인 무력감으로 번졌고, 그들은 일단 자신들의 집을 짓는 일에 몰두하게 됩니다. 그러면서 16여 년의 시간이 흘러가 버립니다.

보석찾기 ○●●

귀환공동체의 성전재건을 방해한 대적들은 누구이며 그들은 어떤 방법으로 방해를 하였는지 에스라 4장 7-16절에서 찾아 적어봅시다.

마음나누기 ○●●

당신은 아름다운 선한 목표를 위하여 기초를 다 놓은 후 누군가의 방해로 중도에 그 일을 포기해 본 적이 있습니까? 다시 그런 기회가 주어진다면 어떻게 하시겠습니까?

기도 ○●●

실패와 역경 끝에도 다시 힘을 내어 새롭게 시작할 수 있는 힘을 공급하시는 하나님 아버지, 지금 어려움 가운데 처해있는 개인이나 공동체들에게도 새로운 힘을 주셔서, 그들이 다시 하나님의 은혜로 새로운 출발을 꿈꾸게 하옵소서.

나무 138

우선순위를 기억하라

학 1-2장

찬양

찬송가 – 102장 · 주 예수보다 더 귀한 것은 없네
찬　양 – 나 무엇과도 주님을

기도

이 시간, 말씀을 통독하는 가운데 하나님의 마음과 뜻을 깨달아 알 수 있도록 지혜를 주옵소서.

마음열기

당신은 우선순위의 충돌이나 갈등으로 고민해 본 적이 있습니까? 선택의 결과와 그 이유는 무엇이었습니까?

함께읽기

함께 학개 1장을 읽어봅시다.

친해지기

성전건축을 중단하고 자신들의 생활에 열심을 낸 재건공동체의 삶은 실제 어떠하였는지, 학개 1장 6절과 9절에서 찾아 적어봅시다.

말씀의 숲길로 ○●●

성전건축이 기초만 놓인 상태로 멈추었습니다. 하나님께서 70년의 세월을 기다리신 이유와 그들이 페르시아에서 누리던 평안한 삶의 형편을 접고 예루살렘으로 돌아온 이유가 무엇인데, 여기서 멈춰있다니요? 바로 이때, 학개가 하나님의 명령을 들고 그들 앞에 나타납니다.

성전건축을 중단한 채로 농사를 지어도, 장사를 해도, 결과가 만족스럽지 않아 한숨과 불평만 내뱉고 있는 그들에게 학개 선지자는 '아니, 왜 그런지 모른단 말이냐?' 라고 하며 그 이유를 설명하고 있습니다.[학 1:3-6] 백성들은 주변상황 탓만 하며 발을 빼고 있었는데, 성전건축이 지연되고 있는 것은 외부조건의 문제가 아니라, 적극적으로 나서지 않는 백성들의 잘못이라는 것입니다.

학개는 먼저 성전건축의 문제를 백성 개인들의 집 건축과 비교합니다. 이는 백성들의 우선순위를 문제 삼고자 하는 것이었습니다.

> "만군의 여호와가 말하노니 너희는 자기의 행위를 살필지니라 너희는 산에 올라가서 나무를 가져다가 (　　　　　)을 건축하라 그리하면 내가 그것으로 말미암아 기뻐하고 또 (　　　　　)을 얻으리라 여호와가 말하였느니라 너희가 많은 것을 바랐으나 도리어 (　　　　　) 너희가 그것을 집

메시지

우선순위 / 먼저 그의 나라와 그의 의를 구하라! 그래야 살 길이 열린다. 지혜로운 인생, 지혜로운 그리스도인은 누구인가? 먼저와 나중의 순서를 바꾸지 않는 사람이다. 어떻게든 이 순서를 바꾸지 않으려는 사람이 참으로 성공적인 인생을 살 수 있다.

✓ 알아두기

학개와 스가랴 비교

학개	스가랴
권면	격려
좀 더 구체적	조금 추상적
간결하게	멀리 전개됨
현재적 관심사	미래적 관심사
참여하라!	용기를 내라!
좀 나이든	좀 더 젊은
행동주의자	비전의 사람

으로 가져갔으나 내가 불어 버렸느니라 나 만군의 여호와가 말하노라 이것이 무슨 까닭이냐 내 집은 (　　　　　)하였으되 너희는 각각 자기의 집을 짓기 위하여 빨랐음이라" 학 1:7-9

또한 학개는 따끔한 책망에 이어 하나님의 능력에 대한 확신과 성전을 건축하는 이들에게 주어지는 위로의 말씀을 전합니다. 예루살렘 성전이 지금은 황폐하지만 이후 하나님의 영광으로 가득 차리라는 비전을 보여 줍니다. 학 2:6-9 현재의 잘못을 지적하는 것 자체가 목적이 아니요, 그들로 하여금 다시 힘을 내어 성전건축의 사명을 완수하게 하는 것이 하나님의 뜻이기 때문입니다.

학개가 전한 하나님의 말씀을 백성들이 청종합니다. 비록 성전건축의 일이 난관에 부딪쳤지만 하나님께서 요구하시면 순종하겠다는 자세로 마음을 바꿉니다. 이제 하나님께서 말씀하십니다. "내가 너희와 함께하노라." 하나님께서 그들과 함께하시고 백성이 순종하기로 결심한 이 관계 위에 하나님의 일은 자연스레 흥왕케 됩니다.

학개가 전한 말씀의 핵심은 머뭇거리지 말라는 것입니다. 지금까지 하나님의 손길을 느꼈다면, 그리고 그들이 나아가야 할 방향이 분명히 보인다면 주저할 필요가 없는 것입니다. 행동하라는 것입니다. 때로는 작은 어려움이 있을 수도 있습니다. 일이 더디 진행될 수도 있습니다. 그러나 믿음 안에서는 그 어떤 어려움도 크게 문제 되지 않습니다.

보석찾기 ○ ● ●

학개의 메시지는 삶의 우선순위를 분명히 하라는 것입니다. 이와 같은 예수님의 말씀을 마태복음 6장 33절에서 찾아 적어봅시다.

마음나누기 ○ ● ●

당신의 삶에서 우선순위가 되는 것을 차례대로 5가지만 적고, 왜 그렇게 우선순위를 정했는지 이야기해 봅시다.

기도 ○ ● ●

그 어떤 것보다도 가장 귀하신 하나님, 우리 삶의 우선순위 1위가 언제나 항상 하나님뿐이게 하옵소서. 말로만이 아닌, 실제 삶의 현장 속에서 하나님의 뜻을 가장 먼저 생각하고, 그 뜻에 전적으로 순종하는 삶을 살게 하옵소서.

나무 139

오직 성령의 능력으로 다시

슥 1-14장

찬양

찬송가 – 370장 · 어둔 밤 쉬 되리니
찬 양 – 오직 주의 사랑에 매어

기도

이 시간, 말씀을 통독하는 가운데 하나님의 마음과 뜻을 깨달아 알 수 있도록 지혜를 주옵소서.

마음열기

당신은 공동체를 위해 큰 책무를 감당하고 있는 지도자를 위로해 보신 적이 있습니까?

함께읽기

함께 스가랴 8장을 읽어봅시다.

친해지기

스가랴 선지자를 통해 주신 예루살렘 회복에 대한 말씀 중 기억에 남는 한 구절을 찾아 적어봅시다.

말씀의 숲길로 ○●●

학개의 외침이 있은 지 두 달여 기간이 지난 다리오 왕 2년 8월, 하나님께서 스가랴를 통해 말씀하십니다. 성전건축에 대해 말씀하실 뿐만 아니라, 이스라엘이 불순종과 멸망의 죄악을 다시 반복하지 않도록 권면하시고, 이스라엘 백성들의 마음속 깊이 자리하고 있는 불안감에 대한 위로도 주십니다.

예루살렘에 돌아온 이들이 직접 목도한 고향 땅의 피폐한 상황은 절망감을 안겨주기에 충분했습니다. 척박한 현실 앞에 선 그들에게, 시온 성 예루살렘에 대한 하나님의 꿈과 비전은 요원하게만 보였습니다. 그런 그들에게 스가랴를 보내신 하나님께서는 현실을 넘어선 가능성을 보여 주십니다. 비록 성전건축이 방백 르훔과 서기관 심새의 방해로 인해 잠시 지연되고 있지만 그들 앞에 있는 현실에 주저앉지 말고 하나님이 주신 가능성을 향해 전진하라고 말씀하시는 것입니다.

또한 하나님께서는 성전재건에 착수하고 있는 총독 스룹바벨과 대제사장 여호수아에게 세속적인 인간의 힘이나 권력에 의지하지 말고 오직 하나님의 능력을 바라보는 자가 되라고 말씀하십니다.[슥 3, 4장] 하나님께서는 당신의 일꾼으로 세우신 스룹바벨과 여호수아에게 성령의 능력을 덧입혀 주십니다. "큰 산아 네가 무엇이냐 네가 스룹바벨 앞에서 평지가 되리라 그가 머릿돌을 내놓을 때에 무리가 외치기를 은총,

하나님의 사람들

스룹바벨 (스 2:2) / 스룹바벨은 '바벨론에서 낳았다', '바벨론에서 흩어진'이라는 뜻의 이름이다. 그는 여호야긴 왕의 손자로, 바벨론에서 자랐으며, 바사 왕 고레스가 유대인들을 귀환시킬 때, 총 책임자로 임명받아 1차 귀환을 주도했다. 귀환 후, 대제사장 예수아(여호수아)와 학개, 스가랴 같은 선지자들의 협력을 얻어 예루살렘 성전을 재건했다. 그래서 이때 세워진 성전을 스룹바벨 성전이라고 부른다.

☑ 알아두기

그리스도에 대한 스가랴의 예언

- 여호와의 사자(슥 3:1–2)
- 순(筍)(슥 3:8; 6:12)
- 일곱 눈을 가진 돌(슥 3:9)
- 왕, 제사장(슥 6:13)
- 겸손한 왕(슥 9:9–10)
- 모퉁이돌, 말뚝, 싸우는 활(슥 10:4)
- 거부당함, 종의 삯에 해당하는 은 30세겔에 팔린 선한 목자(슥 11:4–13)
- 찔린 자(슥 12:10)
- 정결케 하는 샘(슥 13:1)
- 칼에 치인 목자(슥 13:7)
- 오실 재판장이시며 왕(슥 14장)

은총이 그에게 있을지어다 하리라 하셨고" 슥 4:7

하나님의 심판선언은 한편으로는 경계와 긴장의 말씀이기도 하지만, 또 한편으로는 위로와 격려의 메시지입니다. 스가랴 5장에 등장하는 날아가는 두루마리 환상 슥 5:1–4과 에바 속에 있는 여인의 환상, 슥 5:5–11 네 병거로 주위의 대적을 물리치고 여호수아에게 면류관을 씌워 주는 환상들 슥 6장 안에는 성전재건을 통해 이스라엘의 마음을 다시 일으키시려는 하나님의 깊은 의도가 담겨 있습니다.

하나님께서는 오래 전 시내 산에서 이스라엘에게 주셨던 '거룩한 백성 제사장 나라'의 중보적 사명 출 19장을 다시 회복시키겠다고 말씀하십니다. 여기에 구원을 베풀 겸손한 왕에 관한 이야기가 이어지면서, 그 왕이 예루살렘에 임한다고 말씀하십니다.

> "시온의 딸아 크게 기뻐할지어다 (   )의 딸아 즐거이 부를지어다 보라 네 왕이 네게 임하시나니 그는 공의로우시며 구원을 베푸시며 (   )하여서 나귀를 타시나니 나귀의 작은 것 곧 나귀 (   )니라" 슥 9:9

이제 이스라엘 백성들에게 남은 과제는, 지나온 이스라엘의 역사가 증명하고 오늘 스가랴가 선포하는 영원히 변치 않는 하나님의 약속, 곧 이스라엘을 하나님의 백성 삼으시겠다는 약속을 믿고 순종하며 전진하는 일입니다.

보석찾기 ○●●

여호수아와 스룹바벨에게 스가랴 선지자는 하나님의 위로와 격려를 전합니다. 스가랴 3장 6-10절과 4장 6-10절에서 그 위로의 내용을 찾아 적어봅시다.

마음나누기 ○●●

당신은 당신의 수고와 노력에도 불구하고 오직 성령의 능력이 정말로 중요하다는 사실을 경험해 보셨습니까?

기도 ○●●

낙심과 실망에 빠져 있는 재건공동체를 위로하시고 격려하시며 다시 힘주셨던 하나님, 오직 성령의 힘으로 우리를 세우시고 도우시는 하나님의 사랑을 믿습니다. 하나님의 뜻을 이뤄나가는 공동체의 사명에 더욱 관심과 열정으로 동참하게 하시고, 모든 어려움을 믿음으로 이겨나가게 하옵소서.

나무 140

성전재건의 기쁨

스 5-6장

찬양 **찬송가 –** 245장 · 시온성과 같은 교회
찬　양 – 주님의 마음으로 나 춤추리

기도 이 시간, 말씀을 통독하는 가운데 하나님의 마음과 뜻을 깨달아 알 수 있도록 지혜를 주옵소서.

마음열기 당신은 누군가로부터 잘못된 오해를 받아 힘들었다가 그 오해가 풀려 기뻤던 경험이 있습니까?

함께읽기 함께 에스라 6장을 읽어봅시다.

친해지기 다리오 왕이 성전건축을 방해하는 세력들의 고소가 거짓임을 밝혀낼 수 있었던 이유는 무엇입니까?

말씀의 숲길로 ○●●

절망적인 시대의 흐름을 새롭게 바꾸는 것은 얼마나 소중한 일입니까? 16여 년 동안이나 중단되었던 성전재건의 역사가 다시 시작됩니다. 그 중심에는 선지자 학개와 스가랴가 있었습니다.스 5:1-2 이 두 선지자는 성전재건의 의지와 열정을 놓쳐버린 백성들이 성전건축을 다시 시작할 수 있도록 자극하며 격려했습니다. 이러저러한 난관 때문에 성전을 재건할 수 없다는 패배주의적 흐름을, 하나님의 역사를 이루어가야 한다는 시대적 사명감으로 바꾸어낸 것입니다.

성전건축이 중단된 것은 아닥사스다 왕의 오해 때문이었습니다. 이스라엘 백성들이 건축하는 건물이 '성전'이 아닌, '성읍과 성곽'스 4:12-13이라는 방해자들의 거짓말을 그대로 믿고 성전재건을 금지했던 것입니다. 그러나 이스라엘 백성들이 학개와 스가랴의 말을 듣고 다시 성전건축을 시작하려고 할 때, 고레스 왕의 문서를 발견한 다리오 왕이 성전건축을 신속히 재개하라는 명령을 내립니다.스 6:1-12

지혜창고

제국의 행정력 / 페르시아 제국이 서적 곳간에 오래 전 문건을 다 보관해 놓았다는 것을 보면 당시 제국들의 행정력이 만만치 않았다는 것을 알 수 있다.

> "하나님의 성전 공사를 막지 말고 유다 총독과 장로들이 하나님의 이 (　　　　　)을 제자리에 건축하게 하라 내가 또 조서를 내려서 하나님의 이 성전을 건축함에 대하여 너희가 유다 사람의 장로들에게 행할 것을 알리노니 왕의 재산 곧 유브라데 강 건너편에서 거둔 (　　　　) 중에서 그 경비를 이 사람들에게 끊임없이 주어 그들로 (　　　　　) 않게 하라"스 6:7-8

방해하려던 자들도 이런 왕의 명령이 내리자 급히 달려와서 도와주게 됩니다. 부딪치는 것을 주저하며 시기상조론만 펼치고 있으면 밑도 끝도 없습니다. 일어나서 걷는 가운데 모든 오해가 풀리고 하나님의 뜻이 이루어져 가는 것을 봅니다. 스 6:13

학개와 스가랴의 외침의 열매로 스룹바벨과 여호수아, 그리고 백성들이 일어나 성전건축을 재개했습니다. 그리고 마침내 감격스럽고 기쁜 날이 왔습니다. 지지부진하던 성전재건 사업이 드디어 마침표를 찍었기 때문입니다. 이스라엘 백성들은 그동안 제대로 지키지 못했던 유월절을 지키며 감격과 기쁨을 만끽합니다.

"사로잡혔던 자의 자손이 첫째 달 십사일에 유월절을 지키되" 스 6:19

이날이 오기까지 많은 어려움과 고난, 주변 사람들의 방해와 핍박이 있었습니다. 이 모든 과정을 지나오면서 이스라엘 백성들은 어두웠던 과거의 모습을 벗어버리고 하나님 앞에 다시 거룩한 백성으로 설 수 있게 되었습니다. 에스라 6장에는 길고 어두운 터널을 통과하고 새로운 대로(大路) 앞에 선 이스라엘 백성들의 즐거운 노랫소리가 완성된 성전을 배경으로 가득 차 있습니다.

보석찾기 ○●●

학개와 선지자의 격려로 다시 일어난 사람들을 다리오 왕이 도와주게 되자 방해자들의 태도가 바뀝니다. 바뀐 그들의 태도를 에스라 6장 13절에서 찾아 적어봅시다.

마음나누기 ○●●

당신은 공동체를 위하여 힘써 일하던 중에 지쳐 힘들어 하다가 누군가의 강한 권고와 격려, 자극으로 인해 다시 힘을 내어 일어나 본 적이 있습니까?

기도 ○●●

주변의 오해와 방해로 멈췄던 성전재건을 믿음으로 다시 시작했을 때, 하나님의 도우심과 주변 환경의 변화가 있었음을 봅니다. 상황의 어려움을 탓하기보다 먼저 적극적으로 앞장서서 담대하게 달려 나가는 믿음의 자녀들이 되게 하옵소서.

나무 141

위대한 구원

에 1-10장

찬양 **찬송가 –** 497장 · 어디든지 예수 나를 이끌면
찬 양 – 주 날 구원했으니

기도 이 시간, 말씀을 통독하는 가운데 하나님의 마음과 뜻을 깨달아 알 수 있도록 지혜를 주옵소서.

마음열기 당신은 피할 수 없는 어려움을 만났을 때, 그 문제에 대해 정면으로 맞서본 경험이 있습니까?

함께읽기 함께 에스더 4장을 읽어봅시다.

친해지기 위기에 처한 유다인들을 구하기 위해 왕을 만나라는 모르드개의 요청을 들은 에스더는 결국 어떤 마음의 결단을 내렸습니까?

말씀의 숲길로 ○●●

에스더서는 페르시아 땅에서 큰 민족적 위기를 맞이한 유대 민족이 어떻게 그 상황을 극복하며 타개해 나가는지를 보여 주고 있습니다.

페르시아 왕 아하수에로가 왕위에 올라 나라를 다스린 지 3년째 되는 해에 왕후 와스디가 폐위되는 사건이 있었습니다. 왕과 왕후 사이의 내부갈등으로 빚어진 일이었지만, 이 사건은 이스라엘 민족의 구원을 위한 하나님의 섭리 아래 있었습니다. 새로운 왕후 선발 심사를 받기 위해 왕궁으로 들어간 수많은 처녀들 가운데 에스더가 있었습니다. 비록 포로민 출신이었고 부모 없이 사촌 모르드개의 손에서 자랐지만, 신앙으로 교육받고 품위를 갖춘 에스더가 새 왕후의 자리에 오르게 됩니다.[에 2:16-18]

한편, 하만은 아하수에로 왕의 총애를 입어 대신들 중 최고의 자리에 오른 사람입니다. 왕명에 따라 모든 신하들과 백성들은 그 앞에 꿇고 절을 해야 했습니다. 그렇지만 모르드개는 이러한 대세에 따르지 않고, 그의 소신과 신앙의 지조를 지키고자 합니다. 하만은 자기에게 절하지 않는 모르드개가 유다인이라는 것을 알고 심히 분노한 나머지, 유다인 전부를 말살하기 위한 계획을 세웁니다.[에 3:5-6] 하만은 뇌물과 거짓말을 통해 아하수에로 왕으로 하여금 제국 내의 모든 유다인들을 지정된 하루 사이에 다 진멸하라는 조서를 공포

하도록 합니다.[에 3:12-13] 유다 민족에게는 피할 수 없는 멸망의 시간이 정해진 것입니다.

이 소식을 들은 모르드개는 굵은 베옷을 입고 대궐 문 앞에서 재를 무릅쓰고 통곡합니다.[에 4:1-3] 궁중에 있던 에스더가 그 소식을 듣고 무슨 일인가 하여 사람을 보내니, 모르드개는 유다인들이 당한 사건의 자초지종을 전해주며, "왕에게 나아가서 그 앞에서 자기 민족을 위하여 간절히 구하라"라고 부탁합니다. 에스더가 왕 앞에 나아가 그들이 처한 억울한 상황을 탄원해 주길 부탁한 것입니다.

그런데 당시 페르시아 법에 따르면, 왕이 부르지 않았는데 왕에게 나아가는 사람은 죽을 수 있었습니다. 아무리 왕후라 할지라도 왕의 허락 없이 그 앞에 나서는 일은 죽음을 담보로 하는 위험한 행동입니다. 그러나 모르드개는 그녀가 이처럼 높은 지위에 오른 것이 이 일을 위함이 아니겠냐고 말하며 그녀를 설득합니다.[에 4:13-14] 결국 에스더는 목숨을 잃을 수도 있는 위험을 감수하고서라도 왕을 알현하여 민족을 구하기로 결심합니다. 에스더가 모르드개에게 부탁합니다.

> "당신은 가서 수산에 있는 유다인을 다 모으고 나를 위하여 (　　　　　　)하되 밤낮 삼 일을 먹지도 말고 마시지도 마소서 나도 나의 시녀와 더불어 이렇게 금식한 후에 규례를 어기고 (　　　)에게 나아가리니 죽으면 (　　　　　　　　) 하니라"[에 4:16]

모르드개와 에스더의 위기 대처 방식은 다니엘과 같은 정면 돌파였습니다.[단 6장] 에스더는 이미 왕후의 자리에 있었고, 또한 유다 민족 출신이라는 사실이 알려지지 않았던 터라, 자신의 생명만 지키려고 마음먹었다면 그런 위험을 감수하지 않을 수도 있었습니다. 그러나 유다인들 가운데 가장 편안한 삶을 살고 있으며 가장 확실한 지위를 확보하고 있는 에스더가 민족의 위기를 극복하기 위해 가장 먼저 나서기로 결단한 것입니다.

▶ 리더십

에스더와 모르드개 / 큰 위기는 사람을 주눅들게 만들어 더 이상 미래를 향해 돌진하지 못하게 한다. 그러나 위기가 있기에 더욱 힘을 내어야 하는 것 아니겠는가? 에스더와 모르드개에게는 위기를 기회로 만들 수 있는 믿음의 힘이 있었다.

에스더는 이 일을 위해 삼일 간 금식하며 기도한 후, 왕 앞에 나아갑니다. 하나님의 돌보심으로 무사히 왕 앞에 설 수 있었던 에스더는 지혜롭게 왕과 하만을 잔치에 초대합니다. 아무것도 모르는 하만은 왕후가 베푼 잔치에 두 번씩이나 왕과 자기만 초대되었다는 사실에 매우 우쭐해합니다. 그리고는 오십 규빗이나 되는 나무를 가져다가 다음 날 모르드개를 그 나무에 달겠다는 계획을 세웁니다.

한편 아하수에로 왕은 그날 밤 잠이 오지 않아서 궁정 일기를 읽다가 언젠가 모르드개가 누군가 왕을 암살하려 한다는 음모를 고하여 자신의 생명을 구해주었던 것을 알게 됩니다.[에 2:19-23] 왕은 곧바로 모르드개에게 큰 상을 베풉니다.[에 6:10-11] 이 사실은 모르드개를 죽이려던 하만에게는 큰 충격이었을 것입니다.

에스더가 왕을 위해 준비한 두 번째 잔치자리에서 아하수에로 왕은 에스더에게 나라의 절반이라도 줄 테니 원하는 것을 말해보라고 합니다. 바로 이때 에스더는 하만의 궤계를 폭로합니다.에 7:3-6 그 모든 사실을 듣고 매우 화가 난 왕은 하만이 모르드개를 매달려고 만든 교수대에 오히려 하만을 매답니다.

☑ 알아두기

부림절(Feast of Purim) / 유대 백성에게 가장 비극적인 날로 기억될 뻔하였던 아달월 13일은 기쁨과 승리의 날로 변하였다. 부림절이란 단어는 '제비' 라는 뜻의 앗수르어 puru에서 유래되었는데, 이는 하만이 유대인 살육을 위한 날을 택일하기 위해 제비를 뽑은 데서 유래된 것이다.

이렇게 모르드개와 에스더의 목숨을 건 노력으로 말미암아 유다 민족 전체가 위기를 모면합니다. 뿐만 아니라 하만이 유다인들을 미워하여 그들을 멸절시킬 날로 제비뽑은 12월 13일은 오히려 유다인들이 페르시아 전역에서 높임을 받고, 모르드개가 왕궁에서 존귀를 얻는 날이 됩니다.에 9:1-4

사람의 눈으로 보기에는 우연인 것처럼 보이나, 실은 하나님께서 펼치신 최고의 드라마입니다. 에스더서는 페르시아 제국에서 일어난 이 사건을 통하여 하나님의 사랑과 책임이 얼마나 깊고 넓은지를 보여 줍니다. 한 민족을 향한 하나님의 진한 사랑의 이야기인 에스더서는 절망과 좌절에 빠진 사람들에게 희망과 용기를 더해 줍니다.

보석찾기 ○●●

민족의 위기를 구하기 위하여 에스더와 모르드개는 애를 씁니다. 하나님께서 그들을 구원하시기 위하여 도우시는 장면들을 찾아 적어봅시다. 에 5:1-2; 6:1 등

마음나누기 ○●●

공동체를 위하여 나 자신의 달란트나 조건들을 "이때를 위함이 아니겠는가?"라고 하며 내어놓아 본 적이 있습니까?

기도 ○●●

민족의 위기 가운데 함께하시며 그들을 보호하여 주신 하나님 아버지, 위대한 구원을 이루신 주님을 찬양합니다. 자신의 생명을 걸고 민족을 구하기 위해 앞장섰던 에스더처럼, 하나님을 향한 믿음과 민족을 위한 사랑을 품게 하옵소서.

숲이야기 2

세 가지 결심

에스라 7-10장, 시편 119편

나무 142

세 가지 결심

스 7-8장

찬양

찬송가 – 379장 · 주의 말씀 듣고서
찬　양 – 우리 오늘 눈물로

기도

이 시간, 말씀을 통독하는 가운데 하나님의 마음과 뜻을 깨달아 알 수 있도록 지혜를 주옵소서.

마음열기

지금까지 당신의 인생에서 가장 중요한 결심은 무엇이었습니까? 그 결심은 어떻게 실천되었습니까?

함께읽기

함께 에스라 7장을 읽어봅시다.

친해지기

에스라 7장의 말씀을 통해, 에스라가 어떤 사람인지 정리해 적어봅시다.

말씀의 숲길로 ○●●

새로운 삶은 하나님과의 관계 회복에서 시작됩니다. 페르시아 왕 고레스 원년에 이스라엘의 첫 번째 귀환을 인도한 사람은 다윗의 후손, 여고냐의 손자 스룹바벨이었습니다. 그리고 그로부터 약 80년 후 아닥사스다 왕 때 이스라엘의 2차 귀환을 인도한 사람은 학사 겸 제사장 에스라입니다.

하나님의 사람들

에스라 / 에스라는 엘르아살과 비느하스와 사독의 계보를 이어받는, 직접적인 아론의 후손이었다(스 7:1–5). 에스라는 교육받은 서기관으로서 하나님의 율법을 공부하고 실천하고 가르친 사람이었다. 그는 느헤미야와 동시대 사람이었다.

먼저 우리는 에스라가 자신을 소개하며 16대 조상 아론에게까지 족보를 거슬러 올라간 부분을 보고 놀라지 않을 수 없습니다.[스 7:1–5] 그만큼 에스라는 역사에 정통하였으며 율법 연구에 익숙한 학자였다는 것을 알 수 있습니다. 뿐만 아니라 그는 페르시아 왕과도 친분이 두터울 만큼 높은 사회적 지위도 갖고 있었습니다.[스 7:6] 그런 그가 예루살렘으로 돌아갈 것을 결심합니다. 혼자도 아니고, "이스라엘 자손과 제사장들과 레위 사람들과 노래하는 자들과 문지기들과 느디님 사람들 중에 몇 사람"[스 7:7]과 함께 가기로 합니다.

"첫째 달 초하루에 바벨론에서 길을 떠났고 하나님의 선한 손의 도우심을 입어 다섯째 달 초하루에 예루살렘에 이르니라"[스 7:9]

1차 때보다는 적은 2천여 명의 사람들을 데리고 돌아옵니다. 에스라는 왜, 걸어서 4개월이나 걸리는 고된 여행길을 마다하지 않고 예루살렘으로 귀환한 것입니까? 그 이유는 다름 아니라, "여호와의 율법을 연구하여 준행하며 율례와 규례를 이스라엘에게 가르치기로 결심"스 7:10하였기 때문입니다.

그의 첫 번째 결심은 '율법 연구' 입니다. 먼저 성경을 연구해야 합니다. 귀동냥으로 들어서 "그런가봐" 하는 식으로 알면 안 되는 것입니다. 성경이 어렵고 딱딱한 책으로 느껴진다면 그것은 성경에 쏟은 시간이 너무도 적기 때문입니다. 하나님께서는 당신의 말씀에 관심을 가지고 열심히 연구하는 자들에게 당신의 뜻을 보여 주시길 기뻐하는 분이십니다.

그의 두 번째 결심은 '준행' 이었습니다. 누군가를 가르치기 전에 나 자신 먼저 그렇게 살아야 합니다. 우리 삶의 목적과 방향이 실제로 말씀과 일치하는지 늘 점검하고 실천해야 할 것입니다.

그리고 마지막으로 에스라는 '가르치기' 로 결심하였습니다. 먼저 하나님의 말씀을 깨달아 안 사람들의 사명은 그 생명의 지식을 많은 사람들에게 전함으로써 신앙을 계승하는 것입니다.

에스라가 결심한 '연구', '준행', '가르침'. 이 세 가지 중에 어느 한 가지라도 소홀히 해서는 안 됩니다. 보통 사람들은 '연구' 가 끝나면 '준행' 없이 바로 '가르침' 으로 가려고 하는데, 에스라는 그렇지 않았습니다. 이것이 바로 에스라가 보통 사람들보다 훨씬 더 멋있는 이유입니다. 모든 그리스도인들, 특히 가르치는 일을 맡은 이들은 이런 에스라의 세 가지 결심을 깊이 생각하며 기억해야겠습니다.

여호와의 율법을 연구하여 준행하며 율례와 규례를 이스라엘에게 가르치기로 결심한 에스라, 바벨론에서부터 하나님과 이스라엘을 향한 꿈을 가지고 자신의 사명을 위해 준비해왔던 에스라. 이제 그로 인해 성전재건이라는 외형적 기틀 위에 '백성들의 회개운동' 이라는 내용 채우기가 가능해집니다.

또한 에스라는 아닥사스다 왕으로부터 많은 원조를 받아 예루살렘으로 돌아옵니다.스 7:11-26

> "나 곧 아닥사스다 왕이 유브라데 강 건너편 모든 창고지기에게 조서를 내려 이르기를 하늘의 ( )의 율법 학자 겸 ( ) 에스라가 무릇 너희에게 구하는 것을 신속히 시행하되 은은 백 달란트까지, 밀은 백 고르까지, 포도주는 백 밧까지, 기름도 백 밧까지 하고 ( )은 정량 없이 하라"스 7:21-22

왕과 얼마나 가까운 사이이기에, 왕이 그처럼 모든 것을 다 쓸 수 있게 허락하는지, 참으로 놀랍습니다. 그런데 에스라는 이 모든 권한을 자기 집 창고 채우는 데에 사용하지 않습니다. 에스라가 왕으로부터 많은 물질을 얻어온 이유는 개인 재산을 쌓기 위해서가 아니라 공동체를 세우고, 레위인을 살리는 데 사용하기 위한 것이었습니다.

에스라 8장에는 에스라를 중심으로 한 2차 귀환자들의 명단이 소개되고 있습니다. 이들은 이후 이스라엘 공동체를 재건함에 있어서 에스라를 중심으로 말씀 운동을 일으키는 중요한 사람들입니다. 특히 아하와 강가에 도착한 에스라는 성전 제사를 감당할 레위인들이 없음을 발견하고 레위인들을 모집합니다.

"내가 무리를 아하와로 흐르는 강 가에 모으고 거기서 삼 일 동안 장막에 머물며 백성과 제사장들을 살핀즉 그 중에 레위 자손이 한 사람도 없는지라 이에 모든 족장 곧 엘리에셀과 아리엘과 스마야와 엘라단과 야립과 엘라단과 나단과 스가랴와 므술람을 부르고 또 명철한 사람 요야립과 엘라단을 불러 가시뱌 지방으로 보내어 그 곳 족장 잇도에게 나아가게 하고 잇도와 그의 형제 곧 가시뱌 지방에 사는 느디님 사람들에게 할 말을 일러 주고 우리 하나님의 성전을 위하여 섬길 자를 데리고 오라 하였더니" 스 8:15-17

귀환이 이루어진 후에도, 백성들을 하나님께 인도할 영적 리더들이 없다면 귀환의 근본 목적이 상실된다는 것을 에스라는 정확히 알고 있었습니다.

보석찾기 ○●●

에스라는 공동체 회복을 위하여 아닥사스다 왕의 도움을 받았습니다. 에스라가 받은 왕의 도움은 어떤 것들이었는지 에스라 7장 12-26절에서 찾아 적어봅시다.

마음나누기 ○●●

연구, 준행, 가르침. 이 세 가지의 균형을 이루기 위해 당신이 가장 노력해야 할 점은 무엇입니까?

기도 ○●●

권력자인 왕 곁에서 편안한 인생을 보낼 수 있었던 에스라가 오히려 왕의 원조를 얻어 황폐한 고국으로 돌아옴을 봅니다. 주의 말씀을 연구하고 준행하고 가르치기로 결심하였던 그의 삶을 본받아, 저희 또한 하나님의 말씀을 더욱 연구하고 준행하고 가르치는 일에 최선을 다하게 하옵소서.

나무 143

개혁을 위하여

스 9-10장, 시 119편

찬양 **찬송가 –** 377장 · 예수 따라가며
찬 양 – 이 땅의 황무함을 보소서

기도 이 시간, 말씀을 통독하는 가운데 하나님의 마음과 뜻을 깨달아 알 수 있도록 지혜를 주옵소서.

마음열기 당신이 그리스도인이 된 이후, 당신의 삶에서 가장 크게 개혁된 부분은 무엇입니까?

함께읽기 함께 에스라 9장을 읽어봅시다.

친해지기 에스라가 옷을 찢고 앉아 하나님께 회개기도를 올린 이유는 무엇이었습니까?

말씀의 숲길로 ○●●

에스라의 예루살렘 귀환은 성전재건 이후 새로이 세워지기 시작한 이스라엘 공동체가 하나님을 예배하고 하나님의 율법에 기초한 생활을 확립하는 데에 큰 계기가 됩니다.

그런데 예루살렘에 도착한 에스라의 눈에 하나님의 명령을 거역하는 이스라엘 백성들이 발견됩니다. 이방여인을 취하여 아내로 삼는 등, 이방인의 잘못된 풍습을 여전히 따르고 있는 동포들을 보며 에스라는 자기 민족의 죄를 자신의 죄로 고백하고 하나님께 회개합니다.

에스라는 동족들이 범한 죄를 통감하고 그들의 죄악을 자신의 것으로 여깁니다. 오랜 세월 동안 하나님께서 어떻게 이스라엘에게 긍휼을 베풀어 주셨는지 잘 알고 있는 그가 보기에는 이스라엘이 지금 저지르고 있는 죄악은 도저히 용납받을 수 없는 것이었습니다. 자신이 결코 하나님께 나아갈 수 없는 죄인이라는 것을 깊이 깨닫고 회개하는 에스라를 시작으로 이스라엘 전체에 회개운동이 일어나게 됩니다.

αΩ 원어해설

야다 ידה

: 죄를 자복할 (스 10:1) / '내던지다' 라는 뜻에서 유래한 말로서, 자기 죄와 허물에 대해 숨김없이 고백한다는 뜻이다.

이스라엘 백성들은 그들이 취한 이방 여인들을 떠나보내는 것에 모두 동의합니다. 제사장들을 비롯한 레위인들, 백성들이 이방 아내들이 모두 떠나보내고, 앞으로는 하나님의 말씀에 따라 살기로 언약합니다. 하나님과의 관계 회복을 위하여 하나님의 언약과 율법을 기준 삼아 개혁의 주춧돌을 놓아가고 있습니다.

시편 119편은 시편 중에서 가장 긴 시편으로, 에스라가 지었을 것이라고 추정되고 있습니다. 전체 176절 가운데 3구절을 제외한 모든 구절에 '하나님의 말씀'을 의미하는 '법', '율례', '규례', '법도', '계명', '명령', '말씀', '약속', '길', '도'(道) 등의 용어가 나올 정도로, 하나님 말씀의 중요성을 매우 강조하고 있습니다.

> "청년이 무엇으로 그의 행실을 깨끗하게 하리이까 주의 말씀만 지킬 따름이니이다."(9절) "내 (　　　)을 열어서 주의 율법에서 놀라운 것을 보게 하소서."(18절) "주의 말씀의 맛이 내게 어찌 그리 단지요 내 입에 (　　　)보다 더 다니이다."(103절) "주의 말씀은 내 발에 등이요 내 길에 (　　　)이니이다."(105절)

에스라는 재건세대가 하나님의 말씀에 기반하여 기초부터 튼튼히 세워져가기를 소망하였습니다. 재건(再建)은 건물만 올린다고 되는 것은 아닙니다. 진정한 재건은 자신의 마음부터 다시 쌓아올려야 하는 것입니다.

보석찾기 ○●●

에스라가 하나님의 성전에 들어가 울며 기도하는 모습을 본 이스라엘 백성들의 반응과 결단은 무엇이었습니까? 에스라 10장에서 찾아 적어봅시다.

마음나누기 ○●●

에스라와 재건공동체가 개혁을 이루는 근본 동력은 바로 하나님의 말씀이었습니다. 당신의 삶에서는 어떤 말씀이 개혁의 원동력이 되고 있습니까?

기도 ○●●

저희의 삶 가운데도 하나님의 말씀으로 개혁되어야 할 많은 부분이 있음을 고백합니다. 하나님께 엎드려 회개할 수 있도록 하시고, 다시는 그런 죄악을 짓지 않도록 돌이키는 결단의 마음을 허락하여 주옵소서. 그리하여 더욱 신실히 하나님의 뜻에 순종하는 자녀가 되게 하옵소서.

숲이야기 3

중간목표 최종목표

느헤미야

나무 144

율법과 역사에 정통한 평신도

느 1장

찬양 **찬송가 –** 479장 · 내가 깊은 곳에서
찬 양 – 나의 백성이 다 겸비하여

기도 이 시간, 말씀을 통독하는 가운데 하나님의 마음과 뜻을 깨달아 알 수 있도록 지혜를 주옵소서.

마음열기 당신은 성경에 등장하는 기도 중에서 기억나는 기도가 있습니까? 그 기도가 특별히 기억에 남는 이유는 무엇입니까?

함께읽기 함께 느헤미야 1장을 읽어봅시다.

친해지기 느헤미야 1장에는 느헤미야가 드린 기도가 나옵니다. 그가 하나님께 이 기도를 드린 이유는 무엇입니까?

페르시아 수산 궁에 거하고 있던 느헤미야가 예루살렘의 형편을 묻습니다. 풍족한 중에도 남의 형편을 물을 줄 아는 사람 느헤미야는 예루살렘의 피폐한 상황과 동포들이 당하고 있는 고난에 대해 듣게 됩니다.[느 1:1-3] 1차 귀환공동체가 예루살렘으로 돌아간 지는 이미 오랜 세월이 흘렀고, 이어 두 번째 에스라에 의한 귀환이 있은 지도 벌써 십 년이 훌쩍 넘는 세월이 흘렀습니다. 그럼에도 불구하고 아직까지 예루살렘 동포들이 큰 환난과 능욕을 받으며 지내고 있다는 소식은 참으로 기가 막힌 것이었습니다.

메시지

형편을 묻는 사람(느 1:2) / 우리는 다른 사람들의 형편을 잘 묻지 않는다. 왜냐하면 형편을 묻는 것은 최소한의 책임을 지는 것의 시작이기 때문이다. 느헤미야의 소중한 사역은 남의 형편을 묻는 것으로부터 시작한다. 무엇으로 나눔이 시작되는가? 서로간의 형편을 묻는 가운데 시작되는 것이다.

> "그들이 내게 이르되 사로잡힘을 면하고 남아 있는 자들이 그 지방 거기에서 큰 환난을 당하고 능욕을 받으며 (　　　　　) 성은 허물어지고 성문들은 불탔다 하는지라 내가 이 말을 듣고 앉아서 울고 수일 동안 슬퍼하며 하늘의 하나님 앞에 (　　　　　)하며 기도하여 이르되 하늘의 하나님 여호와 크고 두려우신 하나님이여 주를 사랑하고 주의 계명을 지키는 자에게 언약을 지키시며 (　　　　　)을 베푸시는 주여 간구하나이다"[느 1:3-5]

느헤미야의 이 눈물 섞인 간절한 기도는 일찍이 있었던 예레미야의 슬픔, 곧 하나님의 슬픔에 동참하는 기도였습니다. 성전과 성벽이 무너지고 여자와 어린아이들이 큰 환란을 겪는 장면을 바라본 예레미야가 슬픔을 이기지 못했던 것처럼, 그 황폐함이 여전하다는 소식을 전해들은 느헤미야는 예레미야처럼 하나님의 슬픔에 동참하여 하나님께 기도하는 것입니다.

사실 느헤미야는 율법을 연구하는 사람이나 제사장이 아니고 평신도입니다. 그러나 그는 말씀, 즉 주의 율례와 계명과 법도를 잘 이해하고 그 말씀을 기반으로 기도하고 있습니다. 그는 먼저, 예루살렘이 그렇게 큰 환란을 당한 것은 조상들이 저지른 잘못의 결과이며, 자신들이 징계를 달게 받고 돌아서서 계명을 지키면 "쫓긴 자들이 하늘 끝에 있을지라도 내가 거기서부터 모아 내 이름을 두려고 택한 곳에 돌아오게 하리라"라는 하나님의 약속을 기억해 주시라고 기도합니다. 그리고 그 언약을 이루는 적임자로 자신을 써 달라고 간구합니다.

포로로 잡혀온 이들은 참으로 어렵고 힘든 시간을 보내야 했지만, 예레미야의 편지를 통한 하나님의 위로와 다니엘이나 에스겔 같은 하나님의 사람들을 통한 격려에 의해 그들은 소망의 씨앗으로 자라났습니다. 이제 그들 중 한 사람인 느헤미야가 예루살렘에 돌아가 허물어졌던 성벽을 다시 수축(修築)해 내는 것으로 삶의 최종목표를 세우고 있습니다. 이렇게 꿈을 꾼 그가 내딛는 첫 발걸음은 다름 아닌 중간목표 세우기입니다. 느헤미야는 "이 사람들 앞에서 은혜를 입게 하옵소서"느 1:11라는 중간목표를 세우고 하나님께 기도합니다.

하나님의 사람들

술관원(느 1:11) / "그때에 내가 왕의 술 관원이 되었었느니라." 왕의 생명과 관련이 있는 사람들은 당시 가장 왕에게 신임받는 사람들이었다. 왕은 그들과 국사(國事)도 의논하였는데, 따라서 그들은 왕의 믿을 만한 측근들이었다. 그 중 한 명이 느헤미야였다. 요셉이 바로에게 그러했고, 다니엘이 고레스 왕에게 믿음직했듯이 아닥사스다 왕에게는 느헤미야가 그런 위치에 있었다. 이들은 하나 같이 하나님을 믿는 정치가요, 행정가였다.

보석찾기 ○●●

평신도 느헤미야의 기도는 그의 성경 지식, 역사 지식, 사회 지식이 높다는 것을 보여주고 있습니다. 느헤미야 1장 5-11절에 나오는 그의 기도에서 그 증거를 찾아 적어봅시다.

마음나누기 ○●●

느헤미야는 누군가의 형편을 묻는 사람이었습니다. 당신은 누군가의 형편을 묻는 사람입니까?

기도 ○●●

공동체의 환난과 고통을 자신의 아픔으로 끌어안고 눈물로 기도했던 사람 느헤미야의 기도를 들으신 하나님 아버지, 하나님의 약속에 근거하여 기도하였던 느헤미야처럼 다른 사람들의 형편을 묻고, 그들의 아픔과 고통을 함께 나누는 사람이 되게 하옵소서.

나무 145

최종목표를 위한 중간목표

느 2-3장

찬양

찬송가 – 371장 · 삼천리 반도 금수강산
찬　양 – 주님 나라 임하시네

기도

이 시간, 말씀을 통독하는 가운데 하나님의 마음과 뜻을 깨달아 알 수 있도록 지혜를 주옵소서.

마음열기

당신은 다급하고 중요한 어느 순간에 짧게 기도해 본 적이 있습니까?

함께읽기

함께 느헤미야 2장을 읽어봅시다.

친해지기

느헤미야가 왕에게 자신을 예루살렘 총독으로 보내줄 것을 요청합니다. 느헤미야가 이 시점을 오래 전부터 준비해왔음을 짐작할 수 있는 근거들을 찾아봅시다.

말씀의 숲길로 ○●●

목표를 세우고 기도하였던 대로 느헤미야는 왕과 가까운 사람이 되었습니다. 당시 '술 맡은 관원'이라는 직급은 왕의 측근으로서 정치적으로 매우 비중 있는 자리였습니다. 성경에는 자세히 기록되어 있지 않지만, 그는 그 자리에 오르기 위해서 엄청난 수고와 노력을 기울였을 것입니다.

어느 날 아침입니다. 느헤미야가 굳은 결심을 하고 출근합니다. 한마디로 D-day인 셈입니다. 그날 왕 앞에 술잔을 드리는데, 평소와 달리 느헤미야의 얼굴에 수심이 가득합니다. 왕이 묻습니다. "네가 병이 없거늘 어찌하여 얼굴에 수심이 있느냐 이는 필연 네 마음에 근심이 있음이로다." 그러자 느헤미야가 크게 두려워합니다. 왜냐하면, 당시 페르시아 법에는 신하가 왕 앞에서 근심을 표현하면 왕을 해하려는 것으로 의심을 받아, 죽임을 당할 수도 있었기 때문입니다. 그런데 느헤미야는 왕이 알아채길 바라며 일부러 수심을 표현한 것입니다.

☑ 알아두기

수색만 띄어도 죽음 / 당시 페르시아 법에 의하면 왕 앞에서 근심스런 수색을 띄면 죽음을 당할 수 있었다. 이는 유대인 출신 페르시아 왕비 에스더가 왕 앞에 나아가면서 "죽으면 죽으리라."라고 말했던 배경과 비슷하다 (에 4:16).

느헤미야는 바로 이렇게 대답합니다. "왕은 만세수를 하옵소서." 왕을 해하려는 마음이 없다는 것을 밝히는 것입니다. 이렇게 왕을 안심시킨 느헤미야는 곧 이어 이야기합니다. "내 조상들의 묘실이 있는 성읍이 이제까지 황폐하고 성문이 불탔사오니 내가 어찌 얼굴에 수심이 없사오리이까?" 사실 듣고 있는 왕 입장에서는 매우 뜬금없는 이야기입니다.

이때 만약 왕이 "지금 무슨 소리하는 거야?"라고 하면서 느헤미야의 말을 무시하거나 화를 낸다면 느헤미야의 오랜 준비는 물거품이 될 뿐 아니라 생명까지도 위태롭게 됩니다.

하나님의 사람들

순간의 기도 / 급박한 순간에 짧은 기도로 감사를 드리며, 하나님의 선한 계획에 따라 믿음으로 나아간 사람이 느헤미야였다.

그런데 놀랍게도 왕이 "그러면 네가 무엇을 원하느냐?"라고 묻습니다. 그 순간 느헤미야는 속으로 'YES!' 하면서 쾌재를 외쳤을 것입니다. 그는 곧바로 하늘의 하나님께 잠깐 묵도합니다. 그리고 말합니다. "왕이 만일 좋게 여기시고 종이 왕의 목전에서 은혜를 얻었사오면 나를 유다 땅 나의 조상들의 묘실이 있는 성읍에 보내어 그 성을 건축하게 하옵소서."느 2:5 그의 요구인즉, 예루살렘 지역에 자신을 총독으로 파견해주고, 성을 중건하도록 허락해 달라는 것입니다.

αΩ 원어해설

팔랄 פלל

: 묵도하고 (느 2:4) / '간구하다', '기도하다'라는 뜻. 아마도 느헤미야는 왕과 대화하는 동시에 마음속으로는 그 상황을 하나님께 아뢰고 지혜를 구했을 것이다.

이제 왕의 대답이 궁금합니다. "네가 몇 날에 다녀올 길이며 어느 때에 돌아오겠느냐?" 가는 것을 허락할 뿐만 아니라, 돌아오기도 하라는 것이고, 더 나아가 향후의 정치적 입지까지 보장해주는 것입니다. 느헤미야 입장에서는 뛸 듯이 기쁜 일입니다. 무척이나 좋아하고 있는 느헤미야의 마음이 느껴지십니까?

메시지

사회성 / 오늘날 그리스도인들이 직장에서 상사에게 믿을 만한 사람인가? 요셉, 다니엘, 느헤미야는 비그리스도인들에게도 큰 신뢰를 얻었다. 그들은 골방에 들어가서 기도만 하고 아무 수고 없이 하나님의 기적을 바라는 사람들이 아니었다.

이제 느헤미야는 그동안 자신이 준비했던 계획을 단계적으로 왕에게 설명하고 왕으로부터 예루살렘 총독 자리를 받습니다. 그리고 조서를 요청합니다. 느헤미야는 혼자 가는 것이 아니라, 수많은 사람들과 함께 가기로 이미 약속되어 있는데, 몇 만 명이 모여 길을 떠나면 가는 도중 반란군으로 오인 받을 수 있기 때문입니다. 그래서 왕의 조서가 필요했던 것입니다. 또한 느헤미야는 아삽에게 조서를 내려 필요한 물건을 채움 받을 수 있도록 허락해 달라고 합니다. 나아가 들보 재목까지 구했는데, 이 또한 왕이 모두 들어줍니다. 게다가 구하지도 않은 군대장관과 마병까지 붙여줍니다.

느헤미야는 이 모든 넘치는 결과물들이 하나님의 손길 안에서 허락된 것인 줄 알고 "내 하나님의 선한 손이 나를 도우시므로 왕이 허락"느 2:8했다고 고백합니다. 아무리 치밀한 계획이라 하더라도, 하나님께서 함께하실 때에 비로소 완성된다는 것을 느헤미야는 잘 알고 있었던 것입니다.

느헤미야가 이 순간을 얼마나 학수고대하였겠습니까! 그의 최종목표는 황무해진 예루살렘 성벽을 다시 중건하는 것입니다. 그리고 이 최종목표를 이루기 위한 중간목표를 세워 이제껏 달려왔습니다. 느헤미야의 간절한 기도와 오랜 기다림과 치밀한 계획 끝에, 처참하게 무너져 내렸던 예루살렘 성벽의 재건 작업이 이제 초읽기에 들어갑니다. 민족을 향한 그의 뜨거운 사랑과 열정이 그 누구도 꿈꿀 수 없었던 일을 출발시킨 것입니다.

마침내 느헤미야는 모든 준비를 마치고 많은 동지들과 함께 예루살렘을 향하여 출발합니다. 약 반 년 정도의 행보를 통해 예루살렘에 도착한 느헤미야는 황폐한 예루살렘의 형편을 직접 목도하게 됩니다. 그는 3일째 되는 날 밤, 은밀히 사

지혜창고

예루살렘 성벽 재건이 어려운 이유 / 예루살렘 성벽 중건은 그 당시 역사적 상황 속에서 결코 쉽지 않은 일이었다. 에스라서 4장 19–21절을 참고하여 보면, "예루살렘에 거하는 큰 군왕이 있었고 그 성을 향해 주변에서 조공을 바쳤다."라는 역사적 기록으로 인해 아닥사스다 왕이 성읍과 성곽의 건축을 멈추게 했던 일이 있었다. 그 성을 다시 재건하는 것은 위험한 일이라는 것이었다. 그런데 느헤미야가 그 어려운 일에 도전하여 왕의 마음을 얻어낸 것이다.

▶ 리더십

느헤미야 리더십

1. 설득하여 함께 가는 것
2. 협력을 얻어내는 것
3. 방해자를 물리치는 것
4. 기본질서를 개혁해 내는 것

전답사를 실행한 다음, 구체적인 복구계획을 세웁니다.느 2:11-16 역할분담 계획까지 세운 뒤, 백성들을 예루살렘에 모아놓고 설득합니다.

> "후에 그들에게 이르기를 우리가 당한 곤경은 너희도 보고 있는 바라 예루살렘이 황폐하고 성문이 불탔으니 자, 예루살렘 성을 건축하여 다시 (   )를 당하지 말자 하고 또 그들에게 하나님의 선한 (   )이 나를 도우신 일과 왕이 내게 이른 말씀을 전하였더니 그들의 말이 일어나 (   ) 하자 하고 모두 힘을 내어 이 선한 일을 하려 하매"느 2:17-18

자신이 성벽재건을 하고자 계획을 밝혔을 때 왕이 허락하였으며, 왕이 이런저런 도움을 주었고 적극적으로 지지하였다고 말합니다. 그리고 일이 끝난 후 왕에게 다시 돌아가야 할 만큼 자신이 정치적 신임을 받고 있다는 말도 덧붙입니다. 나아가 이 일을 해냄에 있어서 각 집안별로 나눠서 하면 더욱 잘 해낼 수 있을 것이라고 제안합니다. 이에 백성들이 느헤미야의 뜻을 수용하여 함께 성벽재건을 시작하기로 마음을 모읍니다.느 2:17-18 느헤미야 3장에는 이스라엘 백성들이 각자의 자리에서 성벽의 일부분을 나누어 재건하는 모습이 그려집니다. 이스라엘 공동체가 이 일을 통해 하나님의 백성으로 다시 태어나는 모습을 증거하는 장면입니다.

보석찾기 ○●●

느헤미야는 자신의 최종목표를 이루기 위하여 왕에게서 많은 도움을 얻게 됩니다. 그리고 이것을 하나님의 선한 도우심으로 얻었다고 고백합니다. 그가 왕으로부터 얻은 도움들은 무엇이었는지 느헤미야 2장 5-8절에서 찾아 적어봅시다.

마음나누기 ○●●

당신은 인생의 최종목표를 무엇으로 정하였습니까? 그 최종목표를 위하여 세운 중간목표는 무엇입니까?

기도 ○●●

우리 인생의 최종목표는 오직 하나님의 영광을 높여드리는 인생으로 사는 것임을 고백합니다. 하나님의 나라와 의를 이 땅 가운데 이뤄가는 데에, 저희 삶의 최종목표를 세우게 하시고, 이를 위해 성실하게 중간목표를 이뤄가는 신실한 주의 일꾼들이 되게 하옵소서.

나무 146

내우외환을 넘어서

느 4-7장

찬양

찬송가 – 521장 · 어느 민족 누구게나
찬　양 – 지금 우리는 마음을 합하여

기도

이 시간, 말씀을 통독하는 가운데 하나님의 마음과 뜻을 깨달아 알 수 있도록 지혜를 주옵소서.

마음열기

하나님의 일은 혼자 하기보다는 공동체적으로 감당해야 할 때가 많습니다. 당신은 공동체적으로 진행되는 어떤 일에 참여해 본 적이 있습니까?

함께읽기

함께 느헤미야 4장을 읽어봅시다.

친해지기

느헤미야 4장 15-23절을 읽고, 느헤미야가 방해 세력들을 어떻게 지혜롭게 물리쳤는지 찾아 적어봅시다.

그런데 이렇게 시작된 성벽재건은 곧 내우외환(內憂外患)의 장애물에 부딪치고 맙니다. 첫 번째 장애물은 예루살렘의 피폐한 상황을 이용해 자신들의 이익을 챙기려는 사람들의 방해입니다. 왕의 측근 느헤미야가 총독으로 예루살렘에 왔다는 사실은 호론 사람 산발랏과 암몬 사람 도비야 같은 사람들을 굉장히 불안하게 만들었습니다. 평소 유대인들의 실상을 잘 알고 있던 그들은 처음엔 느헤미야 중심의 성벽재건 작업을 일소(一笑)에 붙였으나, 재건작업이 일사불란하게 진행되자 당혹스러움을 감추지 못하고, 성벽재건공사를 방해하기 시작합니다.[느 4, 6장]

성벽이 쌓여 갈수록 그들의 방해 작전도 점점 격해지더니, 급기야는 군대를 동원하기에 이릅니다. 그러나 느헤미야와 백성들은 이에 굴하지 않고, 한 손에는 연장, 또 한 손에는 칼을 들고 위기를 대처해 갑니다.[느 4:16-23] 위기를 기회로 바꾸는 느헤미야의 리더십, 그리고 한 손으론 병기를 잡고 다른 손으론 일을 하며 땀 흘리는 백성들의 수고가 아름답게 어우러지는 장면입니다.

☑ 알아두기

방해들(느 4, 6장)

1. 비웃음
2. 네 번에 걸친 정치적 모략과 암살계획
3. 스마야의 거짓 예언
4. 뇌물, 그의 리더십을 흔들려는 노력

이런저런 방해를 놓는데도 느헤미야와 백성들이 지혜롭게 일을 해결하며 진행시켜가자, 방해자들은 느헤미야를 오노 평지로 불러내어 암살할 계획까지 세웁니다.[느 6:2] 또한 느헤미야가 반역을 꾸미고 있다고 왕에게 고하겠다며 느헤미야를 위협합니다. 그러나 느헤미야는 이미 이 같은 상황을 예상하고 왕과의 깊은 관계 기반을 확실히 구축한 후에 총독으로 온 터인지라, 그들의 거짓 협박은 아무 문제가 되지 않았습니다.

성벽재건의 두 번째 장애물은 이스라엘 공동체 내부에 있었습니다. 어려운 형편 탓에 부한 자들에게 고리대금을 얻었던 가난한 사람들이, 빌린 돈을 갚을 수 없게 되자 자식을 종으로 팔아야 하는 상황에까지 이른 것입니다.[느 5:1-5] 그러자 느헤미야는 귀인들과 민장들을 불러, 종으로 팔려갈 형편의 동포들을 복귀시키도록 설득합니다.[느 5:6-13] 아울러 느헤미야는 자기 식탁으로 공동체 지도자들을 초청하여 내부 결속을 다집니다. 각 지파와 가족별로 나누어 성벽재건작업을 착실히 진행한 결과, 마지막 성문을 완성함으로써 드디어 성벽재건이 완료됩니다.

> "( ) 역사가 오십이 일 만인 엘룰월 이십오일에 끝나매 우리의 모든 대적과 주위에 있는 이방 족속들이 이를 듣고 다 ( )하여 크게 낙담하였으니 그들이 우리 ( )께서 이 역사를 이루신 것을 앎이니라"[느 6:15-16]

또한 이때 느헤미야는 매우 중요한 일을 한 가지 합니다. 그것은 재건된 성의 적재적소에 지도자를 세우는 일과 예루살렘 백성들의 인구를 조사하는 일이었습니다.[느 7장]

하나님의 사람들

느헤미야

- 아닥사스다 왕의 술 맡은 자로서 느헤미야는 커다란 책임을 감당하고 있었다. 왕을 독살로부터 보호하기 위해 왕이 마실 술을 미리 맛보는 그의 역할은 그에게 왕의 신뢰를 받는 신분과 왕의 충언자로서의 신임을 가져다 주었다.
- 느헤미야는 자신의 동포들을 돕기 위해 왕국의 호화스러움과 안락함을 포기했다. 느헤미야는 BC 444년부터 BC 432년까지 예루살렘을 다스리는 총독이 된다.
- 느헤미야는 그의 동포들에게 "일어나서 예루살렘의 무너진 성벽을 건축하자"라며 도전한다. 스룹바벨 귀환 이후 94년간이나 이루지 못했던 과업을 밖으로부터의 반대와 내부를 오염시키는 악습에도 불구하고 52일 만에 완수하는데, 이 놀라운 업적은 심지어 이스라엘의 대적들조차 그 일이 "하나님의 능하게 하심으로 말미암은 것"이라고 인정하게 만든다.

보석찾기 ○●●

느헤미야는 내부 공동체를 결속하기 위하여 많은 중요한 일들을 시행합니다. 그 내용을 느헤미야 5장 6-19절에서 찾아 적어봅시다.

마음나누기 ○●●

당신에게는 느헤미야처럼 탁월한 정치력, 행정력, 결단력을 갖춘 지도자가 되고 싶은 소망이 있습니까? 그렇다면 지금 당신에게 필요한 훈련은 무엇이라고 생각합니까?

기도 ○●●

내외적으로 많은 방해와 어려움이 있음에도 불구하고, 탁월한 리더십과 열정, 지혜로움으로 문제를 해결해나가는 느헤미야를 통해 도전받았습니다. 우리 삶의 중간목표를 이뤄가는 데에도, 동일한 지혜와 능력, 열정을 허락하셔서 하나님의 의를 이 땅 가운데 이뤄가는 일에 쓰임 받게 하옵소서.

나무 147

하나님의 기쁨과 이웃의 기쁨

느 8-13장

찬양 **찬송가 –** 521장 · 어느 민족 누구게나
찬　양 – 지금 우리는 마음을 합하여

기도 이 시간, 말씀을 통독하는 가운데 하나님의 마음과 뜻을 깨달아 알 수 있도록 지혜를 주옵소서.

마음열기 당신은 하나님의 기쁨과 이웃의 기쁨이 결국 하나라는 사실에 대해 생각해 보신 적이 있습니까?

함께읽기 함께 느헤미야 12장을 읽어봅시다.

친해지기 예루살렘 성벽이 낙성되었을 때, 가장 기뻐한 사람들은 누구였는지 느헤미야 12장 43절에서 찾아 적어봅시다.

목표가 분명하면 결코 흔들리지 않습니다. 고통당하는 동족을 위해 예루살렘 성벽을 재건하기로 결심하고 작업에 착수한 느헤미야는 흔들림 없이 최종목표를 실현해 나갔던 것입니다. 그 최종목표 중 하나가 성벽낙성식 기념으로 있었던 성경통독 신앙사경회를 통해 실현되고 있습니다.[느 8:1-3]

하나님의 계획

Movement & History / 느헤미야의 성벽재건운동은 이스라엘을 하나님의 백성으로 새롭게 하려는 노력의 일환이었다. 성벽재건운동에서 성경통독운동으로, 성경통독운동에서 신앙갱신운동으로 이어지는 느헤미야서의 흐름에는 무엇 하나 갖추어져 있지 않은 예루살렘을 한 걸음씩 찬란한 시온 성으로 바꾸시려는 하나님의 마음과 수고가 담겨 있다.

이 일주일간의 신앙사경회를 통해 에스라는 율법책을 낭독하고 가르쳤습니다. 느헤미야는 평신도였는지라 백성들을 모으는 일을 하고, 제사장 에스라는 신앙운동을 주도하는 일을 맡은 것입니다. 성벽낙성식에서 드러나는 이 두 분의 협력이 참으로 아름답습니다.

이 성경통독집회는 새로운 신앙공동체를 위한 가속페달과도 같았습니다. 백성들은 말씀 앞에서 하나님의 뜻을 깨달으며 참회의 눈물을 흘립니다.[느 9:1-3] 말씀을 들은 백성들이 죄를 깨닫기 시작함으로써 예루살렘에는 큰 회개운동이 일어나고, 하나님과의 온전한 관계 회복이 시작됩니다.

일찍이 150여 년 전, 초토화된 예루살렘을 목도하며 예레미야는 애가를 불렀습니다. 예레미야의 눈에는 예루살렘의 허물어짐이 보이며, 그의 코에는 시체들의 타는 냄새가 나고, 그의 귀에는 어린아이들과 여인들이 지르는 비명소리가 들렸습니다.[애 1:12-13; 2:11; 5:18] 그런데 오늘 이 역사의 현장에서 그

애가가 기쁨과 감사의 노래로 바뀝니다.

"이 날에 무리가 큰 (　　　　　)를 드리고 심히 즐거워하였으니 이는 하나님이 크게 즐거워하게 하셨음이라 부녀와 (　　　　　)도 즐거워하였으므로 예루살렘이 (　　　　　) 하는 소리가 멀리 들렸느니라" 느 12:43

느헤미야를 중심으로 한 성벽재건과 에스라를 중심으로 한 신앙개혁으로 말미암아 예루살렘은 신앙의 중심이 되었고, 그곳에는 하나님께서 주시는 큰 기쁨이 넘칩니다. 150여 년 만에 무너진 울타리를 다시 쌓아 약한 이웃들의 웃음을 만드는 이 놀라운 기쁨, 이것이 느헤미야의 최종목표였습니다. 튼튼한 보호막이 없으면 안 되는 가장 연약하고 힘없고 가난한 사람들을 위한 안전장치를 만들어 주는 작업이었던 것입니다. 이웃의 기쁨! 약한 자의 기쁨! 그것은 하나님의 기쁨입니다.

우리의 최종목표는 한마디로 하나님을 사랑하고 섬기며, 이웃을 사랑하고 섬기는 것 아니겠습니까? 여기에 우리의 삶의 목표가 있으면 좋겠습니다. 우리는 느헤미야를 통해서 삶의 중간목표와 최종목표를 세우고 집중하여 달려가는 아름다움을 배울 수 있었습니다. 이 시대 우리의 삶이 이와 같아지기를 소망합니다.

지혜창고

사회적 안전망 / 사실 당시 성벽이라는 것은 첫째, 외적으로부터의 방어, 둘째, 짐승으로부터의 보호(여우가 대낮에도 활보하여 가난한 사람들, 대문이 없는 사람은 위험에 노출되어 있는 것)를 위한 것이다. 어느 사회가 건강하다는 것은 그 사회의 상대적 약자들이 편안할 수 있다는 의미이다. 느헤미야의 예루살렘 성벽재건은 예루살렘에 사는 여자와 어린아이들이 안심하고 생활할 수 있는 기본적 안전장치를 마련하는 일이었다.

αΩ 원어해설

레토바 לְטוֹבָה

: 복을 주옵소서 (느 13:31) / 원래의 뜻은 '좋다, 선하다', '선대하여 주소서, 은혜를 베풀어 주옵소서' 라는 뜻이다. 물질적인 풍요보다는 전인격적인 평안과 형통을 간구하는 말이다.

보석찾기 ○●●

성벽 낙성식 기념으로 느헤미야는 에스라와 함께 최초의 성경통독사경회를 시행하고 있습니다. 느헤미야 8장에서 그 장면을 확인해 보고 그 감격에 동참해 보십시오.

마음나누기 ○●●

우리의 존재 자체가 하나님의 기쁨임과 동시에, 우리 이웃의 기쁨, 약한 자의 기쁨이 곧 우리 하나님의 기쁨입니다. 하나님의 기쁨인 당신이 하나님께 기쁨을 드리기 위해 할 수 있는 일 한 가지씩만 생각해보고 오늘 실천해 봅시다.

기도 ○●●

사람들의 기쁨과 슬픔에 함께 웃고 우시는 하나님 아버지, 저희 또한 그런 하나님의 마음을 함께 품을 수 있도록 하옵소서. 하나님의 기쁨과 이웃들의 기쁨을 위해, 작은 벽돌 하나 옮기는 일이라도 실천하게 하옵소서.

숲이야기 4

천오백 년 사랑의 아쉬움

말라기

나무 148

천오백 년의 사랑

말 1:1-5

찬양

찬송가 – 404장 · 그 크신 하나님의 사랑
찬　양 – 사랑합니다 나의 예수님

기도

이 시간, 말씀을 통독하는 가운데 하나님의 마음과 뜻을 깨달아 알 수 있도록 지혜를 주옵소서.

마음열기

당신이 어떤 대상을 향하여 꾸준히 사랑한 최장 기간은 얼마나 됩니까?

함께읽기

함께 말라기 1장 1-5절을 읽어봅시다.

친해지기

말라기 1장 2절에 나오는 하나님과 이스라엘 백성들의 대화 내용을 찾아 적어봅시다.

성전과 성벽이 재건축된 이후, 재건공동체가 더 이상 우상숭배는 하지 않습니다. 하지만 과거를 되짚어보면, 오래 전 이스라엘 백성들은 애굽에서 종살이할 때 우상숭배를 했습니다. 모세와 함께 출애굽하고서도 애굽에서의 습관을 버리지 못해 금송아지를 만드는 바람에 3천 명이 죽는 사건이 생기기도 했습니다.

그 후로 모세가 생존하던 시기와 만나세대까지는 우상숭배를 하지 않았습니다. 그런데 이후 이어지는 사사 시대 내내 우상숭배의 역사가 계속됩니다. 다행히 마지막 사사 사무엘이 그 어둠의 역사를 끊어낸 이후로 사무엘 시대, 사울 시대, 다윗 시대, 솔로몬 중간시대까지는 우상숭배를 하지 않았습니다. 그러다가 솔로몬 후기부터 바벨론 포로기 전까지 우상숭배가 극에 달합니다.

그 답답하고 깜깜했던 역사, 그 지긋지긋한 역사를 우리는 더듬어 왔습니다. 결국 그들은 포로기 70년 동안 정화되는 시간을 거쳤습니다. 그래서 참으로 다행스럽게도 이후로는 귀환공동체 안에 더 이상 우상숭배가 없습니다. 그런데 안타깝게도 재건공동체는 시간이 갈수록 하나님과의 관계가 냉소적으로 변해갑니다.

말라기의 분위기는 쓸쓸합니다. 구약 역사 천오백 년 전체에

지혜창고

선지자 말라기 / 말라기는 느헤미야와 같은 시대에 활동했다. 느헤미야가 직면했던 많은 죄악들을 말라기서에서 구체적으로 질책하고 있다. 말라기와 느헤미야서에서 묘사된 하나님에 대한 냉담한 무관심은 당시 이스라엘에 팽배했던 분위기이다.

알아두기

하나님의 속 터지는 마음 / 말라기서의 55구절 중 47구절이 하나님께서 말씀하신 것인데, 이 비율은 모든 예언서 중 가장 높은 비율이다.

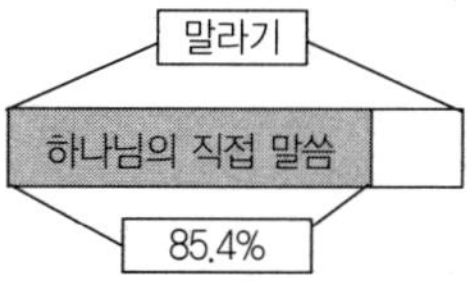

걸친 하나님의 사랑이 이스라엘로부터 거절당했기 때문입니다. 하나님은 천 년을 하루같이 사랑하셨는데, 이스라엘 백성들은 하나님을 사랑한 기간보다는 하나님을 등진 기간이 더 많았던 것입니다.

구약 전체의 숲에서 볼 때, 말라기가 지적하는 이스라엘의 죄악은 그들을 향하여 애정과 눈물을 아끼지 않으셨던 하나님의 사랑을 단호히 거절하는 그들의 패역함에 있었습니다.

들어보십시오. 하나님께서 먼저 말씀하십니다.[말 1:2]

αΩ 원어해설

아헤브 אהב

: 사랑하였노라 (말 1:2) / 조건 없는 하나님의 사랑으로, 택한 백성 이스라엘을 구원하시기 위한 하나님의 '선택 행위'와 관련하여 주로 사용된다. 신약에서는 '아가페'로 번역되는 말이다.

"내가 너희를 사랑하였노라."
그들이 대답합니다.
"주께서 어떻게 우리를 사랑하셨나이까?"

말라기는 하나님께서 인생들에게 요구하시는 것이 무엇인지 단순하면서도 명확하게 지적하고 있습니다. 이스라엘을 향한, 그리고 전 인류를 향한 하나님의 사랑은 어제나 오늘이나 변함이 없습니다. 그 사랑을 기억하며 "하나님을 사랑하고 이웃을 사랑하라"는 명령을 준행하라는 것입니다. 그러나 문제는 이스라엘이 하나님의 사랑 방식을 받아들이지 않고 욕심에 이끌리는 사랑을 선택했다는 것입니다.

보석찾기 ○●●

아브라함 이후 그들의 후손을 향한 하나님의 긴긴 사랑의 증거들을 구약 성경 내용 가운데 생각나는 대로 적어봅시다.

마음나누기 ○●●

당신은 혹시 하나님께서 당신을 향하여 오래 깊이 사랑해오신 사실을 외면하고 "언제 어떻게 사랑했느냐?"라고 원망해보신 적 없습니까? 오늘 하나님께서 당신에게 사랑을 고백하신다면, 당신이 하나님께 드릴 대답은 무엇입니까?

기도 ○●●

변함없이 인생들을 사랑하여 주시고, 그 신실하신 사랑을 한 번도 그쳐보신 적 없으신 하나님, 그러나 저희들은 그 사랑을 외면하고 깨닫지 못할 때가 참 많았습니다. 하나님의 사랑과 은혜에 날마다 감격하는 주의 자녀가 되게 하시고, 그 사랑을 더욱 많은 이들에게 전하는 자가 되게 하옵소서.

나무 149

제사장과 백성들을 향하여

말 1:6-3장

찬양
찬송가 – 323장 · 주께로 한 걸음씩
찬　양 – 사망의 그늘에 앉아

기도
이 시간, 말씀을 통독하는 가운데 하나님의 마음과 뜻을 깨달아 알 수 있도록 지혜를 주옵소서.

마음열기
당신은 구약 성경을 읽으면서 하나님의 기대가 왕이나 지도자에게만 있는 것이 아니라 백성들에게도 있음을 느껴보신 적이 있습니까?

함께읽기
함께 말라기 2장을 읽어봅시다.

친해지기
하나님께서 제사장들과 이스라엘 백성들에게 책망하신 그들의 죄악들은 무엇이었는지 그 내용을 한 가지씩만 찾아 적어봅시다.

말씀의 숲길로 ○●●

구약을 통독하면서 우리는 제사장이 그 맡은 역할을 얼마나 잘 수행하는지에 따라 그 시대의 명암(明暗)이 갈렸음을 보았습니다. 하나님께서 제사장들의 잘못을 지적하십니다. 그들의 정신이 흐려졌고, 맡겨진 중보의 역할을 제대로 감당하지도 못했으며, 백성들을 잘못된 길로 인도했다고 말입니다.

> "내 이름을 멸시하는 제사장들아 나 만군의 여호와가 너희에게 이르기를 아들은 그 아버지를, 종은 그 주인을 공경하나니 내가 (　　　　　　)일진대 나를 공경함이 어디 있느냐 내가 주인일진대 나를 두려워함이 어디 있느냐 하나 너희는 이르기를 우리가 어떻게 주의 (　　　　　　)을 멸시하였나이까 하는도다 … 너희가 눈 먼 희생제물을 바치는 것이 어찌 악하지 아니하며 저는 것, 병든 것을 드리는 것이 어찌 악하지 아니 하냐 이제 그것을 너희 (　　　　　　)에게 드려 보라 그가 너를 기뻐하겠으며 너를 받아 주겠느냐" 말 1:6-8

"우리가 어떻게 주의 이름을 멸시하였나이까?"라고 반문하는 제사장들에게 하나님께서는 그들이 하나님께 드린 제물을 예로 들어 말씀하십니다. 흠집이 있어 총독에게는 바치지 못할 것을 하나님께 드리는 것이 하나님을 총독보다 공경하지 않는다는 증거입니다. 제사장과 지도자들의 잘못된 훈도는 하나님께서 계획하셨던 '거룩한 백성 제사장 나라'로 가는 길을 막는 걸림돌이었습니다. 하나님의 역사를 이루기 위해 세웠던 제사장이 오히려 그 역사를 막는 장애물이 되고 있었던 것입니다.

하나님의 사랑을 받고도 그 사랑을 거절했던 이스라엘, 그들의 죄악이 하나둘 폭로되고 있습니다. 하나님께 드리는 제단에 더러운 떡을 놓고, 눈 먼 것, 저는 것, 병든 것을 제물로 바치는 등의 기계적인 예배,[말 1:6-8] 우상숭배,[말 2:10-12] 이방 여인과 결혼하기 위해 젊었을 때 취한 아내를 버리는 백성들의 이혼,[말 2:14-16] 하나님의 공의에 대한 의심,[말 2:17-3:6] 하나님의 것인 십일조와 헌물 도적질,[말 3:7-9] 하나님을 경외하지 않고 완악한 말로 대적하는 죄[말 3:13-15] 등, 그들의 죄악은 손으로 다 꼽을 수가 없을 정도입니다. 이러함에도 하나님께서는 그들을 사랑하셨건만, 그들은 "주께서 어떻게 우리를 사랑하셨나이까?"라고 반문하고 있는 것입니다.

이스라엘을 향한, 그리고 전 인류를 향한 하나님의 소원은 어제나 오늘이나 변함이 없습니다. 하나님을 사랑하고, 이웃을 사랑하라는 두 명령으로 요약할 수 있는 주의 율례를 준행하라는 것입니다. 그러나 문제는 이스라엘이 하나님의 명령을 거역했다는 것입니다. 거역하는 인간, 그들의 매정한 반문 앞에 하나님께서는 분노하시면서도 동시에 '내가 너희를 이렇게 사랑하노라'[요 3:16]라고 하시며 예수 그리스도의 모습으로 이 땅에 오십니다.

보석찾기 ○●●

처음 십일조를 시작한 아브라함의 모습창 14:17-20과 말라기에서의 십일조 이야기말 3:7-12를 적어보고 비교해 봅시다.

마음나누기 ○●●

하나님께서는 말라기 선지자를 통하여 "제사장의 입술은 지식을 지켜야 한다"말 2:7라고 말씀하십니다. 당신이 리더를 꿈꾼다면 말씀에 대한 지식을 당신의 입술에 두어야 할 것입니다. 이를 위한 당신의 노력은 무엇입니까?

기도 ○●●

자비하시며 긍휼이 풍성하신 하나님 아버지, 그러나 인생들은 그런 하나님의 것을 소중히 여기지 않는 어리석음을 범합니다. 하나님께서 베풀어주신 모든 것들에 감사하게 하시고, 우리의 가장 귀한 것을 아낌없이 드리게 하옵소서.

나무 150

침묵

말 4장

찬양

찬송가 – 411장 · 예수 사랑하심은
찬　양 – 오소서 임마누엘

기도

이 시간, 말씀을 통독하는 가운데 하나님의 마음과 뜻을 깨달아 알 수 있도록 지혜를 주옵소서.

마음열기

당신은 어느 때에 침묵하게 됩니까? 그 침묵은 어떤 의미를 담고 있습니까?

함께읽기

함께 말라기 4장을 읽어봅시다.

친해지기

말라기 선지자는 죄악된 삶에서 돌이켜 하나님의 이름을 경외하는 사람들의 회복된 모습을 어떤 모습으로 비유하고 있습니까?

말씀의 숲길로 ○●●

"만군의 여호와가 이르노라 보라 용광로 불 같은 날이 이르리니 교만한 자와 악을 행하는 자는 다 지푸라기 같을 것이라 그 이르는 날에 그들을 살라 그 뿌리와 가지를 남기지 아니할 것이로되 내 이름을 경외하는 너희에게는 공의로운 해가 떠올라서 치료하는 광선을 비추리니 너희가 나가서 외양간에서 나온 송아지 같이 뛰리라" 말 4:1-2

우리 주님 다시 오실 날은 심판과 구원, 진노와 은혜가 함께 공존하는 날입니다. 하나님과 상관없이 살며 교만과 악을 행하는 이들에게는 진노의 심판이 임하는 날이지만 하나님을 경외하는 자들에게는 하나님의 치유와 회복의 역사가 임하는 날입니다. 하나님의 치유는 온전하여서 죄로 찢기고 악으로 만신창이가 된 우리를 새롭게 하고 거듭나게 하십니다. 외양간에서 나온 송아지가 뛰는 것 같이 온전한 회복을 주실 것입니다.

지금까지 이스라엘을 향한 하나님의 사랑은 신실하고 지속적이었습니다. 이스라엘을 택하시어 하나님의 백성 삼으시고 그들을 인도하셨던 하나님께서는 그들이 잘못된 길로 갈 때는 회초리로, 그들이 하나님을 섬기고 경외할 때는 위로와 격려를 통해 늘 선한 길로 인도하셨습니다. 그러나 이렇게 지속적인 하나님의 사랑에 비해, 이스라엘은 하나님을 떠나 하나님 없이 행할 때가 더 많았습니다.

지혜창고

하나님의 침묵 / 말라기는 예언적 사역이 중단되는 4백여 년 기간에 대한 전주곡이라고 할 수 있다. 이 긴 침묵은 4백여 년 후 "보라 세상 죄를 지고 가는 하나님의 어린양이로다(요 1:29)."라고 외치는 다음 선지자 세례 요한의 등장에 의해서 깨어진다.

지혜창고

구약의 마무리 / 말라기는 책의 마지막을 심판으로 끝낸 유일한 선지자다. 그러나 말라기서는 죄 많은 인간들의 상태를 강조하며, 오실 메시아의 사역 안에서 하나님의 해결책을 예견한다는 점에서 구약성경의 적합한 마무리(결론)라고 할 수 있다.

이제 하나님께서는 4백여 년의 긴 침묵으로 들어가십니다. 이후 이 긴 침묵을 깨고, "광야에 외치는 자의 소리"마 3:3인 세례 요한이 나타나기 전까지 하나님께서는 공식적인 선지자를 보내지 않으십니다.

> "보라 여호와의 크고 두려운 날이 이르기 전에 내가 선지자 (　　　　　　)를 너희에게 보내리니 그가 아버지의 마음을 자녀에게로 돌이키게 하고 자녀들의 마음을 그들의 (　　　　　　) 에게로 돌이키게 하리라 돌이키지 아니하면 두렵건대 내가 와서 저주로 그 (　　　　　)을 칠까 하노라 하시니라"말 4:5-6

하나님께서 침묵하실 수밖에 없는 것이 이스라엘의 현실이었습니다. 하나님께서 "내가 너희를 사랑하였노라"고 말씀하셨건만, "어떻게 사랑하셨나이까?"라고 반문하는 그들에게 더 이상 무슨 말이 필요하겠습니까?

결국 하나님께서 보내시는 마지막 사랑의 카드는 예수 그리스도이십니다. 예수 그리스도! 그분은 모든 영적 감각을 상실해 버린 인생들을 구원하시는 하나님의 가장 크신 능력으로 이 땅에 내려오십니다.

보석찾기 ○ ● ●

하나님의 더 깊은 계획은 결국 사랑이었습니다. 하나님을 향한 이스라엘 백성들의 돌이킴을 기대하시는 하나님의 마음을 말라기 4장 4-6절에서 찾아 적어봅시다.

마음나누기 ○ ● ●

이스라엘을 향한 하나님의 오랜 사랑 고백은 이스라엘 백성들의 차가운 반응 앞에서 결국 침묵으로 바뀌고 맙니다. 침묵하시는 하나님의 마음을 느껴본 적이 있습니까?

기도 ○ ● ●

구약의 천오백 년 세월을 통독해오며 언제나 신실한 사랑으로 사람들을 품어 안으셨던 하나님의 사랑을 가슴 벅차게 깨닫습니다. 또한 4백 년의 침묵 후에 보내주신 독생자 예수님의 십자가로 저희를 구원하여 주시니 감사합니다. 더욱 하나님을 사랑하는 저희가 되게 하옵소서.

성경통독원
BibleTongdokWon

숲과나무 성경통독은

하나님의 마음을 따라

성경 66권 전체를 읽어가는 것입니다.

숲과나무 성경통독은

성경의 숲과 나무를 살펴

성경 66권 모두를 하나님의 말씀으로 받아들이는 것입니다.

숲과나무 성경통독은

세계 역사를 경영하시는 하나님의 손길을 확신하며

성경 역사의 흐름에 따라 체계적으로 성경의 숲을 보는 것입니다.

성경통독원은

올바른 성경통독 방법의 보급과 확산을 위해

이 시대 교회, 세계의 그리스도인들과 함께하고 있습니다.